Abhandlungen des kriminalistischen Seminars an der Universität Berlin.

Neue Folge. Vierter Band. III. Heft.

Zur Reform des Reichsstrafgesetzbuches

(Allgemeiner Teil).

Berichte über die Literatur der Jahre 1902—1904.

Im Auftrage der kriminalpolitischen Sektion des Kriminalistischen Seminars der Universität zu Berlin

herausgegeben

von

Dr. Walter Lehmann,

Gerichtsassessor.

Berlin 1905.

J. Guttentag, Verlagsbuchhandlung,

G. m. b. H.

Fortsetzung siehe Seite 3 des Umschlags.

Abhandlungen

des

kriminalistischen Seminars

an der Universität Berlin.

Herausgegeben

von

Dr. Franz v. Liszt,

ord. Professor der Rechte zu Berlin.

Neue Folge. Vierter Band.

Berlin 1905.

J. Guttentag, Verlagsbuchhandlung,

G. m. b. H.

Inhalt.

Abhandlungen

des

kriminalistischen Seminars

an der Universität Berlin.

Herausgegeben

von

Dr. Franz v. Liszt,

ord. Professor der Rechte zu Berlin.

Neue Folge. Vierter Band. 3. Heft.

Walter Lehmann: Zur Reform des Reichsstrafgesetzbuches.

Berlin 1905.

J. Guttentag, Verlagsbuchhandlung,

G. m. b. H.

Zur Reform

des

Reichsstrafgesetzbuches

(Allgemeiner Teil).

Berichte über die Literatur der Jahre

1902—1904.

Im Auftrage der kriminalpolitischen Sektion des Kriminalistischen Seminars der Universität zu Berlin

herausgegeben

von

Dr. Walter Lehmann,

Gerichtsassessor.

Berlin 1905.

J. Guttentag, Verlagsbuchhandlung,

G. m. b. H.

Vorwort.

Der Tag der Reform des Reichsstrafgesetzbuches kann zur Zeit als ein dies certus an, incertus quando bezeichnet werden. Noch ist fraglich, wann die Reichsregierung den Wechsel, den sie in mehrfachen, an die Öffentlichkeit gerichteten Erklärungen gezogen, einlösen wird; aber schon ist dieser Wechsel in der freigebigsten Weise diskontiert worden. Juristen und Laien haben darin gewetteifert, ihre Ansichten und Wünsche, Hoffnungen und Erwartungen, die sie an die Revision des RStGB. knüpfen, in besonderen Abhandlungen, in Fach- und Tageszeitungen, in Vorträgen, Versammlungen und Resolutionen der Öffentlichkeit und der Regierung zu unterbreiten; und die Zahl der Reformvorschläge ist bereits heute eine fast unübersehbare.

Den jüngeren Juristen mußte es naturgemäß angemessen erscheinen, sich diesem spontanen Ansturm gegenüber zunächst rein rezeptiv zu verhalten; möglichst viel des im Übermaß dargebotenen Stoffes in sich aufzunehmen, um allmählich, erst rein rezipierend, dann kritisierend, in der literarischen Sturmflut den festen Boden einer eigenen Meinung zu gewinnen. Unwillkürlich drängte sich hierbei der Wunsch auf, das bei dem Studium der Reformvorschläge gewonnene tatsächliche Material zu sammeln und die, aus langatmigen Auseinandersetzungen oft nur mit Mühe herausgeschälten praktischen Vorschläge in kristallisierter Form der Öffentlichkeit, insbesondere einem autoritativen juristischen Forum, zu unterbreiten. Und deshalb nahmen die Mitglieder der kriminalpolitischen Sektion des kriminalistischen Seminars zu Berlin mit Freude den Vorschlag ihres verehrten Lehrers, Geheimrats Professors v. Liszt, auf, das Resultat ihrer zu eigener Belehrung betriebenen Privatlektüre in systematisch geordneter Reihenfolge zu veröffentlichen, um auch ihrerseits einen Beitrag zu dem Reformwerk zu liefern; ein Beitrag, der in erster Linie dazu bestimmt sein sollte, durch eine gedrängte und übersichtliche Darstellung des in den letzten Jahren Geleisteten eine sichere und zuverlässige Grundlage für neue Arbeiten an dem zu errichtenden Bau zu liefern — eine „Vorarbeit der Vorarbeiten“ zu sein.

Die Arbeiten wurden im Wintersemester 1903/4 an der Hand eines seiner Zeit von den Herren Privatdozent Dr. Radbruch-Heidelberg und Gerichtsassessor Dr. Brütt-Berlin entworfenen und im wesentlichen beibehaltenen Planes begonnen. Sie umfassen bisher die Literatur der Jahre 1902, 1903 und 1904. Eine möglichst große Vollständigkeit der exzerpierten Literatur ist angestrebt worden; sie hat sich natürlich nicht in vollem Umfange erreichen lassen, um so mehr als das ursprünglich aufgestellte Verzeichnis der zu berücksichtigenden Schriften und Veröffentlichungen sich bald als nicht ausreichend erwies und dauernde Ergänzungen und Berichtigungen erforderte. Es ist jedoch zu hoffen, daß bei den Arbeiten wenigstens sämtliche bedeutendere Erscheinungen rein strafrechtlichen Charakters gebührend berücksichtigt worden sind.

Die dreisemestrige Dauer der Arbeiten, welche zunächst von den Herren Gerichtsassessor Dr. Brütt und Dr. Delaquis, dann von dem Herausgeber geleitet wurden, und an welchen die Herren Dr. Feder, Fischer, Glaser, Gutmann, Knetsch, Dr. Meumann, Morgenstern, Philippsborn, Simon, Socha, Dr. Weinberg, Windel, sowie Frau Dr. Marie Raschke und der Herausgeber sich beteiligten, war äußere Veranlassung, das bisher Geleistete zusammenzufassen, um einen Überblick über die Resultate der Arbeit zu gewinnen; die Fortsetzung des Sammelwerkes als eines dauernden Begleiters der Reformarbeiten ist in bestimmte Aussicht genommen.

Berlin, Ostern 1905.

Dr. Walter Lehmann.

Inhaltsverzeichnis.

Kapitel IV: Die Anwendung der Strafe auf das Verbrechen.

Kapitel V: Verminderte oder nicht vorhandene Zurechnungsfähigkeit

Kapitel VI: Die Jugendlichen.

Kapitel VII: Rückfall, Gewerbs- und Gewohnheitsmäßigkeit.

Kapitel VIII: Einzelne dogmatische Streitfragen.

Kapitel I.

Grund und Zweck der Strafe.

§ 1.

Determinismus und Indeterminismus. Hat die Frage praktische Bedeutung für die Reformarbeit?

Anonym 3. Daß die Gesetzgebung zu dem Streit der Strafrechtsschulen grundsätzliche Stellung nimmt, ist nicht erforderlich. Auch würde ein Gesetzbuch, das sich auf neuen, noch nicht erprobten Theorien aufbaut, vermutlich an dem Widerstand der Volksvertretung scheitern.

v. Bülow. Der Determinismus ist vom Standpunkt der Philosophie aus unbestreitbar. Die Frage, wodurch die Schuld — welche allein Voraussetzung der Strafe ist — sich erkläre, ist eine metaphysische. Die Überzeugung, daß der Mensch frei ist, ist ein Postulat der praktischen Vernunft — (Kant), und für das Strafrecht ausschlaggebend. (S. 410).

Heine. Eine Frage, die ganz unzulässigerweise in die kriminalistischen Untersuchungen hineingezogen worden ist, ist die philosophische Frage nach der Freiheit des menschlichen Willens und Handelns. Daß wir, wenn wir die Entstehung unseres Willens und Handelns kausal zurückverfolgen, nicht begreifen können, wie Freiheit des Willens denkbar wäre, und daß wir für den Werdeprozeß unseres Denkens und Handelns genau dieselbe unerbittliche Gesetzmäßigkeit annehmen müssen, wie für jeden Naturvorgang, ist ebenso unbestreitbar, wie die Tatsache, daß alles menschliche Wollen und Handeln sich vollzieht unter dem Bewußtsein und der Voraussetzung der Freiheit. Nicht nur die Kriminaljustiz, sondern jede soziale oder politische Aktion, jedes Vorwärtsstreben des einzelnen wie der Klassen, jeder Kampf für Überzeugung und Ideale steht unter dem Zeichen des freien Willens. Damit kann sich der Kriminalist begnügen, ganz gleichgültig, welche philosophische Lösung dieses Widerspruchs in der menschlichen Natur er billigen mag. (S. 24.)

Köhler. Voraussetzung der Strafe ist die Willensfreiheit. (S. 14 ff.)

Kohler 1. Die Grundprobleme des Strafrechts erfordern ein Zurückgehen auf eine einheitliche philosophische Weltbetrachtung, die nicht Sache des Glaubens, sondern des Forschens und Wissens ist. Diese kann nicht die mechanische, sondern nur die idealistische sein. Sie kennt eine beschränkte Willensfreiheit, indem nach ihr durch Motiv und Charakter eine Geneigtheit, aber nicht ein absoluter Zwang zu der Tat begründet wird. Diese Willensfreiheit ist Voraussetzung der Strafe. (S. 135.)

v. Liszt 2. Die Meinungsverschiedenheit über Determinismus und Indeterminismus ist für den Gesetzgeber gleichgültig. (S. 270 f.)

Petersen. Die ganze Erörterung, ob der Mensch Willensfreiheit besitzt und ob die deterministische oder indeterministische Anschauung richtig ist, gehört überhaupt nicht in das Gebiet des Strafrechts, sondern in dasjenige der Philosophie und Psychologie. Diese Erörterung kann für das Strafrecht erst wichtig werden, wenn die neue Weltanschauung die alte Weltanschauung derart besiegt hat, daß sie mehr oder minder Gemeingut des ganzen Volkes geworden ist. Unser ganzes Staatswesen beruht aber auf der christlich-germanischen Weltanschauung; deshalb sind die Lehrsätze der neuen Strafrechtsschule für den Gesetzgeber nicht verwertbar. (S. 253.)

Tönnies. Für den Gegensatz des Vergeltungs- und Zwecksprinzips erscheint die Frage der Willensfreiheit unerheblich. (S. 171 ff.)

Wach 1. Die Strafe setzt Verantwortlichkeit voraus. Der Streit um die Willensfreiheit ist dafür ohne Bedeutung. (S. 35.)

Derselbe 3. Der Streit um Willensfreiheit und Determinismus hat keine wesentliche praktische Bedeutung. (S. 4.)

Wachenfeld. In den Streit um den Strafzweck ist zu Unrecht der Gegensatz des Determinismus und Indeterminismus hineingezogen worden. (S. 241.)

§ 2.

Der Unterschied zwischen der klassischen und der modernen Kriminalistenschule.

Zu welcher rechnet sich der Autor?

Anonym 1. Die Lehren der modernen Schule, die nur aus Nützlichkeitsgründen strafen will, sind eine Form der Unnatur unserer Zeit, die ihr den Stempel der Entartung und des Perversen aufdrückt. Sie sind daher von den Gesunden und Normalen zu bekämpfen. Aufgabe der Justiz ist es, der Gerechtigkeit auf Erden eine Stätte zu bereiten, was nur durch Wiedervergeltung geschieht. Dabei schadet es nichts, wenn auch auf die Abschreckung ein gewisser Wert gelegt wird.

Dr. B. Dem Werke Berolzheimers „Die Entgeltung im Strafrecht" fehlt die Betonung, daß die menschliche Gerechtigkeit nur ein Ausfluß der göttlichen Gerechtigkeit ist, und daß sie aufhört, Gerechtigkeit zu sein in dem Augenblick, wo an die Stelle dieser naturgesetz-idealen Zugehörigkeit zur göttlichen Gerechtigkeit die noch so klug rechnende rein menschliche Interessenwirtschaft mit vollgiltigen oder falschen Gewichten abwägend tritt.

Beling 1. Ein Kompromiß zwischen der Auffassung der klassischen Schule und dem Sicherungsgedanken der modernen Schule ist ausgeschlossen. (S. 174 ff.)

Heine. Die klassische Schule sieht in der Strafe eine Vergeltung des begangenen Verbrechens, die soziologische verwirft den Gedanken der Vergeltung und betrachtet die Strafe als Mittel, die Gesellschaft vor künftigen Verbrechen zu schützen. Die soziologische Schule hat sich große Verdienste um die Erkenntnis der sozialen Grundlagen des Verbrechens erworben, ihre ganze Auffassung scheint sich auch von vornherein mit der der Sozialdemokratie näher zu berühren, als die der klassischen Richtung. Dennoch werden wir manche ihrer Schlüsse ablehnen müssen. (S. 25.)

Landry. Unabhängig vom Streit um die Willensfreiheit steht der Gegensatz zwischen der klassischen Lehre, nach der die Strafe die sittlich notwendige Sühne des Eingriffs in die Rechtsordnung ist (S. 17 ff.), und der allein berechtigten utilitarischen Lehre, nach der die Strafe eines der Mittel zur Verminderung der Verbrechen ist, durch Vorbeugung (prévention), Ausscheidung (élimination) und Besserung (amendement) (S. 109 f.), und zwar im Wege der Generalprävention (exemplarité) wie der Spezialprävention (intimidation) (S. 112).

Netter. Eine wirkliche Einigung zwischen klassischer und moderner Schule ist ausgeschlossen; denn zwischen beiden Richtungen besteht der tiefgehende Gegensatz zweier Weltanschauungen. In den grundlegenden Fragen der Willensfreiheit und des Schuldbegriffes vor allem klaffen die beiden Standpunkte mit innerer Notwendigkeit weit auseinander. Hier einen Kompromiß anbahnen zu wollen, hieße dem neuen Gesetz die Todeskeime mit auf den Weg geben; von vornherein würden dadurch in das neue Gesetz unbrauchbare und veraltete Elemente wieder eingeführt werden und das Rechtsbewußtsein würde in quälende Widersprüche geraten.

Deshalb ist die orthodox-klassische Schule von vornherein auszuschließen.

Dr. L. R. Die moderne Strafrechtsschule, die die Vergeltung ausmerzen will, ist dem Leben entfremdet. Ihr als Determinismus maskierter Materialismus gerät mit der praktischen Vernunft dadurch in Widerspruch, daß er die Willensfreiheit und sittliche Verantwortlichkeit leugnet, und führt zur Abschaffung des Strafrechts überhaupt. Die Strafe muß ein Übel bleiben und in erster Linie der Vergeltung dienen, welche nicht eine größere „Humanisierung des Strafrechts", sondern vielmehr eine Verschärfung verlangt.

v. Ullmann. Grundlage für eine Weiterbildung des Strafrechts können nicht die Lehren der modernen Schule sein, weil diese grundstürzenden Forderungen (Bekämpfung der gefährlichen Gesinnung, Verurteilung auf unbestimmte Zeit, Verwerfung der Proportionalität zwischen Strafe und Tat) keinen Fortschritt unserer Rechtsentwicklung bedeuten würden.

Wach 1. Der Gegensatz der klassischen und der positiven Schule ist ein Gegensatz nicht der Weltanschauung, sondern der Methode. (S. 26.) Die positive Schule glaubt irrtümlich an gesetzmäßig wirkende Ursachen des strafbaren Handelns (S. 27) und sieht fälschlich in dem Verbrecher, dessen Begriff nach Inhalt wie Umfang nur durch das Gesetz bestimmt ist, eine besondere soziale Erscheinung. (S. 28ff.)

§ 3.

Vergeltungs-, Zweck-, Sicherungsstrafe. Wodurch wirkt die Strafe auf die Gesamtheit der Rechtsgenossen? Und wodurch auf den einzelnen Verbrecher?

Anonym 4. Das Strafgesetz muß die Anschauungen des Volkes berücksichtigen, das (mit Recht) an Willensfreiheit, Schuld und Sühne festhält. Sühne ist dafür zu geben, daß man die Majestät der Gesamtheit mißachtet hat und gegen ihre Befehle ungehorsam gewesen ist. Zu bestrafen ist der verbrecherische Wille. Die Privatrache ist aus Strafrecht und Strafverfahren auszumerzen. Die Strafe muß nach Art und Umfang so vielgestaltig sein wie das Unrecht.

Besserung, Abschreckung und Sicherung sind Nebenzwecke der Strafe, die als Begleiterscheinung des Prinzips von Schuld und Sühne auftreten.

Aschaffenburg 2. Zu verlangen ist: Schutz der Gesellschaft gegen den gemeingefährlichen Verbrecher durch nötigenfalls dauernde

Sicherungshaft; Schutz des Rechtsbrechers gegen Willkür durch ein regelrechtes Verfahren mit Berufungsmöglichkeit und obligatorischer Nachprüfung. (S. 65 ff., 68.)

Auer 1. Zweck der Strafe ist im Gegensatz zur klassischen Schule: 1. Unschädlichmachung der unverbesserlichen Verbrecher, 2. Erziehung antisozialer Individuen zur sozialen Brauchbarkeit oder Ungefährlichkeit durch speziell wie generell prävenierende Abschreckung. (S. 5.)

v. Bar. Zweck der Strafe ist nach der klassischen Schule, zu der sich der Autor bekennt, Vergeltung oder richtiger öffentliche und autoritative Mißbilligung der Tat, d. i. Wirkung auf die Gesamtheit dahin, daß das Bewußtsein, solche Taten dürfen nicht geschehen, lebendig erhalten wird.

Die Strafe kann zugleich auf Besserung des Verbrechers berechnet werden. (S. 16.)

Beling 1. Die Strafe ist Vergeltung. Die Rechtsidee verlangt, daß der Rechtsbrecher leide. Ob dieses Leiden zur Verhütung künftiger Rechtsbrüche geeignet ist, bleibt gleichgültig. (S. 173.)

Besserung und Sicherung sind Verwaltungsmaßregeln, die von der Strafe getrennt sind oder durch sie zugleich erreicht werden oder (z. B. bedingte Verurteilung) sie verdrängen. (S. 182 f.)

Derselbe 2. Zweck der Strafe ist rechtliche Vergeltung. Diese findet ihre Rechtfertigung in der Zweckbestimmung der Rechtsordnung, die, soll sie nicht illusorisch sein, sich gegen die Übertreter der Rechtssätze in Gestalt der Strafe bewähren muß. (S. 3.)

Die Verbrechensprophylaxe geht neben der Strafe her und gehört in das Verwaltungsrecht.

Art und Maß der Strafe bestimmt sich somit nach dem Prinzip der vergeltenden Gerechtigkeit. (S. 4.)

Berolzheimer 1. Die Strafe als Entgeltung ist nicht das Äquivalent für das Verbrechen, sondern das Äquivalent für Beseitigung des durch das Verbrechen geschaffenen Zustandes, nicht Übel, sondern Einbuße. (S. 33.) Die Entgeltungstheorie entnimmt Voraussetzung und Maßstab für die Bestrafung, wie die klassische Schule, der Verschuldung des Täters. Sie ist unabhängig von der Frage der Willensfreiheit. (S. 157.)

Objekt der Bestrafung ist danach der schlechte Mensch, der friedlos gelegt wird oder zur Wiedererlangung des Friedens eine Einbuße an Rechtsgütern erleidet. (S. 32, 158.)

Derselbe 2. Die Strafe ist, wie ihre primitive Gestalt (z. B. bei den Germanen) lehrt, nicht Zufügung eines Übels, sondern Ausschließung des Verbrechers aus der Gemeinschaft oder (später) Einbuße von Rechtsgütern, durch die er sich wieder in die Gemeinschaft einkauft.

Die Strafe, ein Äquivalent des Verbrechens, ist also nicht Spezialprävention oder Generalprävention, auch nicht Vergeltung, sondern Entgeltung.

Binding. Strafe ist eine Einbuße von Rechten oder Rechtsgütern, die der Staat einem Delinquenten von Rechts wegen auflegt zur Genugtuung für seinen irreparabeln Rechtsbruch, um die Autorität des verletzten Gesetzes aufrecht zu erhalten. (S. 184.)

Sie dient nicht der Besserung des Delinquenten oder der Herstellung des normalen Verhältnisses zwischen Verbrecher und Gesetz, sondern der Unterwerfung des Verbrechers unter die Rechtsherrlichkeit, der Rechtsmachtbewährung. (S. 185 f.)

Insofern ist alle Strafe Zweckstrafe. (S. 191.)

Bonus. Die Strafe ist eine praktisch-pädagogische, sozusagen sanitäre Maßregel, aber keine Vergeltung der Schuld. Schuldbewußtsein und Verantwortungsgefühl sind rein religiöse Werte, die Sinn und Wert verlieren, ja sich in ihr schädliches Gegenteil verkehren, wenn die Vergeltungstheorie sie zur juristisch-wissenschaftlichen Erforschung eines Tatbestandes mißbraucht. Wo die Strafe etwas anderes sein will als Erziehungsmittel, ist sie Rache.

v. Bülow. Ohne Schuld keine Strafe! Die „Sicherungsstrafe" ist in Wirklichkeit gar keine Strafe, sondern eine Polizeimaßregel. Die Strafe soll ein Übel sein, das den Schuldigen trifft; Besserung, Erziehung, Abschreckung sind Nebenzwecke. (S. 408.)

van Calker. Grundlage des Strafrechts ist und soll bleiben die Vergeltungsidee. Sie fordert, daß das Strafübel der in der Straftat gegebenen Schuld proportional sei. Damit ist eine „zweckmäßigere" Gestaltung der Strafe nicht ausgeschlossen. Vielmehr ist diese ein tieferes und reineres Erfassen des Vergeltungsgedankens. (S. 243.)

Für Art und Maß der Strafe ist entscheidend in erster Linie die Schwere des Erfolges, in zweiter Linie die Intensität der verbrecherischen Gesinnung, die sich nach ihrer ethischen Qualität und dem Stärkeverhältnis der Motive bestimmt. (S. 246.)

Finger. Die Strafe als staatliche Maßregel ist ein Übel, das kraft einer Rechtsvorschrift verhängt wird gegen jemanden, der staatlicher Vorschrift zuwider gehandelt hat. (S. 38.)

Die Zwecke der Strafe wenden sich teils der Gesellschaft zu: sie schützen durch Abschreckung im Rahmen eines als Gerechtigkeit empfundenen Maßes und gewähren Genugtuung; teils dem Verbrecher durch Abschreckung, Besserung, Unschädlichmachung. (S. 43f.)

Haase. Berechtigte Zwecke der Strafe sind Vergeltung, insofern unser Gerechtigkeitsgefühl Sühne der Tat fordert, und Sicherung der Gesellschaft gegen die Angriffe der Missetäter. Die Strafe ist nicht entbehrlich und wird auch im Zukunftsstaat nicht entbehrlich sein; aber sie muß human sein und die Tat, den Täter und die Umstände, in denen er lebt, berücksichtigen.

Heimberger. Die Vergeltung ist idealisierte Rache. Gerechte Vergeltung ist nicht möglich, weil ein fester Maßstab für das Verhältnis von Verbrechen und Strafe fehlt.

Die Strafe ist vielmehr gerecht, wenn und soweit sie notwendig ist für die Aufrechthaltung der Rechtsordnung.

Vielleicht führt Wachs Theorie („Die kriminalistischen Schulen und die Strafrechtsreform") zu einer Versöhnung des Vergeltungs- und des Zweckgedankens.

Heine. So sehen wir das Gerechtigkeitsgefühl der Zeit im Widerspruch mit den Folgerungen, die sich aus dem Ursprung und Zweck der Strafe als Mittels zum Schutze der Gesellschaft ergeben. Die Lösung dieses Widerspruchs müssen besonders wir, die wir auf dem Standpunkt der Forschung stehen, zu finden suchen, weil wir das Gesetz der Vergeltung nicht ungeprüft als ein höheres Gebot hinnehmen können und weil wir gewohnt sind, die Wurzel der gesellschaftlichen Anschauungen in den gesellschaftlichen Bedürfnissen zu suchen. Wir fragen: Wenn das Strafrecht entstanden ist aus dem Bedürfnis, die Gesellschaft gegen gesellschaftsfeindliche Handlungen zu schützen, und wenn es diesem Zwecke wirklich dient, wie kann dann zwischen dem, was aus diesem Zweck der Strafe folgt, und dem, was das Gerechtigkeitsgefühl einer Zeit erheischt, nicht volle Übereinstimmung herrschen? Müßte man nicht erwarten, daß die Gerechtigkeitsidee einer Zeit einfach eine Wiederspiegelung des sozialen Schutzbedürfnisses wäre und daß als höchste Gerechtigkeit gälte, was diesem Zwecke am kräftigsten diente? — Wenn man an das strafrechtliche Problem vom Standpunkt nicht der Entstehung, sondern des Zwecks der Strafe herantritt, so muß man sich gegenwärtig halten, daß die Gesellschaft sich zum Zwecke ihres Schutzes und ihrer Erhaltung auch noch anderer Mittel als der Strafe bedient. Achtung des Lebens und der Freiheit der Gesellschaftsglieder gehören hierher. Ferner aber ist es nicht der höchste Zweck der Gesellschaft, daß sie sich selbst erhalte; ihre Existenz und Fortdauer sind vielmehr selbst nur Mittel zu dem Zwecke, dem die Gesellschaft dient, nämlich dem, alle in der

Menschheit liegenden Keime und Kräfte nach Möglichkeit zur Entwickelung zu bringen, das Menschentum seiner höchsten Höhe zuzuführen. (S. 27.)

Kahl. Die Strafe, die die Wahlfreiheit zwischen Gut und Böse voraussetzt, ist nach der vom Autor vertretenen klassischen Schule Vergeltung, d. i. „nach den Gesetzen einer höheren ethischen Wertgleichung autoritative Wiederherstellung der gebrochenen Rechtsordnung durch eine dem Maß der Verschuldung adäquate Strafe“.

Nebenzwecke sind Schutz der Gesellschaft, Abschreckung, Besserung. (S. 100.)

Die moderne Schule will lediglich Sicherung der Gesellschaft gegen antisoziale Existenzen. (S. 100.)

Köhler. Zweck der Strafdrohung ist Abschreckung (S. 4 f.), des Strafvollzugs Vergeltung in dem Sinne, daß durch die Mißachtung des Willens der Rechtsordnung die Pflicht des Täters zu einer Leistung begründet wird, deren Wert sich nach der subjektiven wie objektiven Bedeutung der Mißachtung bestimmt (S. 9). Den Ausgleichungsmaßstab gibt die Volksanschauung (S. 11).

Kohler 1. Die Strafe, „das einer Person für ein verantwortliches Tun auferlegte Übel“ (S. 135), ist zunächst gerechte Sühne. Sie hat zugleich den Zweck, auf den Täter selbst zu wirken und als Schreckmittel die Gesellschaft vor der Wiederholung derartiger Taten zu schützen.

v. Liszt 1. Rechtsgrund der staatlichen Strafe ist nicht ihre Zweckmäßigkeit, sondern ihre Notwendigkeit für die Aufrechterhaltung der Rechtsordnung (S. 81).

Der Streit über den Strafzweck beruht heute nicht auf dem Gegensatz von Vergeltungsstrafe und Zweckstrafe (denn die Vergeltung kann als Zweck gesetzt werden), von „quia peccatum est“ und „ne peccetur“, von idealistischer und materialistischer Weltanschauung, von Indeterminismus und Determinismus (S. 83 f.). Der Streit dreht sich in Wahrheit um das Verhältnis zwischen Generalprävention und Spezialprävention (S. 85).

Die Strafe dient dem Schutze besonders schutzwürdiger und besonders schutzbedürftiger Interessen durch Androhung wie Vollzug. Die Strafdrohung wirkt auf die Gesamtheit als Ausdruck rechtlichen und sozialen Unwerturteils und als Gegengewicht gegenüber einem verbrecherischen Hange (Generalprävention). Der Strafvollzug wirkt auf die Gesamtheit als Abschreckung und Stärkung rechtlicher Gesinnung (Generalprävention), auf den Verletzten als Genugtuung, ganz besonders auf den Verbrecher selbst (Spezialprävention) durch Abschreckung, Besserung oder Unschädlichmachung (S. 68 f.).

Derselbe 2. Die Grundgedanken, von denen die Strafrechtsreform auszugehen hat, sind folgende:

1. Es ist bei der Bestimmung der Strafe nach Art und Maß, in Gesetz und Urteil, mehr Gewicht zu legen auf die innere Gesinnung des Täters, als auf den äußeren Erfolg der Tat (S. 276).

2. Ausschlaggebend für Art und Maß der Strafe ist die antisoziale Gesinnung des Täters (S. 281), nicht das Motiv, nicht die ehrlose Gesinnung.

3. Die Intensität der antisozialen Gesinnung ist insbesondere von ausschlaggebender Bedeutung für Aufstellung und Verwertung des Strafensystems. (S. 287).

Derselbe 3. Die Unhaltbarkeit der Vergeltungsstrafe zeigt sich bei ihrer Anwendung auf vermindert Zurechnungsfähige. Hier verlangt die Vergeltungsidee mildere Strafe, während die Schutzstrafe den gemeingefährlichen Minderwertigen unschädlich machen und so die Gesellschaft vor ihm und ihn vor sich selbst schützen will. Hier schlägt also die Vergeltungsidee dem Rechtsbewußtsein des Volkes eben so sehr ins Gesicht, wie dem Schutzbedürfnis der Gesellschaft.

Margolin. Grundelement der Strafe ist die Rache. (S. 19.) Die die Rache ausschließenden utilitaristischen Theorien versagen bei praktischer Anwendung. So ist die gleichmäßige Bestrafung von Versuch und Vollendung im code pénal nie Praxis geworden. (S. 14.)

Popper. Die Strafe entspringt dem Trieb nach Rache. Sie kann nicht gerecht sein, weil es keine Proportionalität zwischen Strafe und Verbrechen gibt. Sie ist auch zur Besserung oder Abschreckung nicht geeignet.

Deshalb ist sie abzuschaffen und durch lob- und tadelfreie Resumés über die Vergehen zu ersetzen, denen eine möglichst weitgehende Veröffentlichung zu geben ist.

von Rhoden. Der Verwischung von rechtlich-sittlichen und polizeilichen Gesichtspunkten ist grundsätzlich entgegenzutreten. Der Staat soll seine Strafgewalt nur dort ausüben, wo er von der Zustimmung der öffentlichen Meinung getragen wird.

von Rohland. Die Strafe hat ihre psychologische Quelle in dem Bedürfnis nach Vergeltung und Sühne. Es ist eine Forderung unseres Rechtsbewußtseins, daß das Verbrechen durch Zufügung eines der Verschuldung entsprechenden Leidens gesühnt werde. Die Zweckstrafe verkennt die psychologischen Grundlagen der Strafe und tritt mit den Anforderungen unseres Rechtsbewußtseins in Widerspruch. (S. 488.)

Schlünkes. Die Strafe soll nach dem Prinzip der Nächstenliebe nicht Abschreckung oder Vergeltung sein, sondern Erziehung und Besserung, oder Sühne des Verstoßes gegen das Gesetz der Liebe dadurch, daß von dem Schuldigen ein angemessener Beitrag für die Bedürfnisse des Staates zur Übung der Nächstenliebe eingezogen wird. (S. 36—41.)

Seuffert 1. Ziel der Strafe ist nicht Vergeltung, nicht Abschreckung des Publikums von Verbrechen, sondern Unschädlichmachung oder soziale Anpassung des Verbrechers. Damit kann zugleich Abschreckung Dritter erreicht werden.

Gerechte Vergeltung ist ausgeschlossen, weil uns die Möglichkeit fehlt, einen Maßstab für die Abwägung der Tat, für den individuellen Schuldanteil, für die Schwere des Strafübels zu finden.

Festzuhalten ist an dem Rechtscharakter der Strafe.

Sichart 3. Die Vergeltungstheorie stößt bei der Strafzumessung wie bei der Strafvollstreckung auf unüberwindliche Schwierigkeiten. (S. 40.)

Erst der Zweckgedanke verleiht der Vergeltungsstrafe Sinn und Bedeutung, und nur auf dieser Grundlage ist eine durchgreifende Besserung unseres Strafrechts möglich. (S. 59.)

Zweck der Strafe oder der in Vergeltung bestehenden Reaktion des Staats gegen antisoziales Verhalten seiner Glieder ist Verhütung der Fortsetzung oder Wiederholung von Verbrechen.

Die beiden Mittel, welche die Erreichung dieser Absicht verwirklichen, sind Abschreckung oder Einflößen heilsamer, d. i. den Verbrechensreiz überwindender Furcht vor der Strafe und Unschädlichmachung solcher Individuen, an welchen erstere Absicht nicht erreicht zu werden vermag. (S. 61.)

Stern. Die Vergeltungsidee als das Sekundäre ist mit dem Zweckgedanken als dem Primären untrennbaren verbunden. (S. 39.)

Vergeltungstrieb ist der Trieb zur Abwehr, soweit diese durch schädigenden Eingriff in ein psychisches Leben erfolgt. (S. 45.)

Vergeltung ist die reaktive Erregung von relativ äquivalenter Lust oder Unlust von seiten des Empfängers einer Lust bezw. Unlust beim Erzeuger derselben. (S. 48.)

Stooss 1. Da in den gesetzlichen Tatbeständen das staatliche Strafschutzbedürfnis in die Erscheinung tritt, der Inhalt und der Umfang der staatlichen Strafpflicht darin zum Ausdruck gelangt, so muß auch die Strafe, die das Gegenbild des Verbrechens ist, das Interesse des Staates an dem Gute, das sie schützen soll, wiederspiegeln. Gestaltet der Gesetzgeber den Tatbestand der Verbrechen nach dem Zwecke des Güterschutzes, so wird auch der Schatten des Verbrechens, die Strafe, unmittelbar durch diesen Zweck bestimmt. Was uns als gerechte Strafe erscheint, ist die Strafe, die der gesetzgeberische Zweck des Güterschutzes bestimmt hat. Vergeltung übt der Staat nur soweit ein staatlicher Zweck es gebietet. (S. 390.)

Derselbe 2. Verbrechen ist der Angriff auf ein Strafrechtsgut, der nur durch die Strafgewalt wirksam bekämpft werden kann. Gerecht ist die Strafe, die sich für solche Bekämpfung als zweckmäßig erweist. (S. 213.)

Tönnies. Der Gegensatz des Vergeltungs- und Zweckprinzips, für den die Frage der Willensfreiheit unerheblich erscheint (S. 171 ff.), ist mehr ein Unterschied des Standpunktes; jenes der Standpunkt des Richters, dieses der des Gesetzgebers. (S. 60.) Das Strafrecht des Staates in subjektivem Sinne folgt nicht aus dem öffentlichen Bedürfnis der Vergeltung, sondern aus der Notwendigkeit der Sicherung. (S. 56 ff.)

Wach 1. Die Strafe ist vergeltende Gerechtigkeit; nicht Talion, nicht Rache, nicht Genugtuung, nicht Ausgleichung des Schadens, nicht moralische Vergeltung, sondern das im Gemeininteresse verhängte praktische Werturteil, nach dem die Übeltat sich als Übel auch an dem bewährt, der durch sie am Gesetze frevelte. (S. 34.).

Das gesetzmäßige Verhalten des Verbrechers ist wünschenswerter Erfolg, nicht Zweck des Strafrechts. (S. 35.)

Die Gesinnungsstrafe ist erfahrungswidrig und, als die Grenze von Recht und Moral verwischend, grundsätzlich verwerflich. (S. 31 ff.)

Derselbe 3. Der Streit um Grund und Zweck der Strafe hat keine wesentliche praktische Bedeutung. (S. 4.)

Die Strafe wirkt generell prävenierend, indem die Bevölkerung angesichts der Strafdrohung, speziell prävenierend, indem der Verbrecher unter dem Einfluß des Strafvollzugs von verbrecherischem Handeln absteht. (S. 9.)

Ziel nicht moralische Besserung, sondern gesetzmäßiges Verhalten. (S. 7, 9.)

Kein Strafzweck ist Unschädlichmachung, die ungerecht, grausam, unnützlich und undurchführbar ist. (S. 11.)

Wachenfeld. Zweckgedanken bestimmen nicht die in concreto verwirkte Strafe, sondern Art und Maß der anzudrohenden, und zwar dahin, daß durch die Drohung abgeschreckt, durch den Vollzug die verbrecherische Neigung zerstört und der Verbrecher möglichst gebessert werde, stets aber das Staatswohl oberstes Prinzip bleibe. (S. 241.)

§ 4.

Ist der Autor bereit, mit den Gegnern zusammen zu arbeiten?

v. Bülow. Die Reform des Strafgesetzbuchs verlangt nicht, daß der Gesetzgeber Stellung nimmt im Streit der Kriminalistenschulen und sich zu einer der Rechtstheorien bekennt. (S. 410.)

van Calker. Ein Kompromiß der gegensätzlichen Meinungen ist möglich und wünschenswert. (S. 241.)

Kahl 2. Bei der Übereinstimmung in wichtigen Reformpunkten ist das Zusammenarbeiten der Vertreter beider Schulen möglich. (S. 101.)

Kronecker. Auf Grund der Verständigung der beiden Schulen kann sehr wohl ein einheitliches Strafgesetzbuch zustande kommen. Die klassische Schule wird vor allem den Vergeltungsgedanken zurückstellen müssen, die moderne besonders das Verlangen der Einsperrung Jugendlicher auf unbestimmte Zeit.

v. Liszt 1. Der wissenschaftliche Gegensatz der Strafrechtstheorien schließt gemeinsame legislative Arbeit nicht aus. Dabei handelt es sich nicht um wissenschaftlichen Eklektizismus, sondern um ein politisches Kompromiß. (S. 87).

Seuffert 1. Eine Verständigung zwischen Vergeltungslehre und Straferfahrungswissenschaft ist möglich. Indes muß Klarheit über den Strafzweck der Reformarbeit vorangehen.

Kapitel II.

Umfang und Einteilung der strafbaren Handlung.

§ 1.

Die Verringerung des Gebietes strafbaren Unrechts.

Auer 1. Das Polizeistrafrecht ist in einer Weise angeschwollen, daß der korrekteste Staatsbürger kaum mehr ungestraft sein Leben beenden kann. Eine Beschränkung der staatlichen Strafmacht, besonders auf dem Gebiet der polizeilichen Strafbestimmungen, ist dringend zu wünschen. (S. 14.)

v. Bar. Mit Rücksicht darauf, daß jede Strafe für den Bestraften mannigfache Unbequemlichkeiten, Eingriffe und mögliche Mißgriffe bedeutet, ist der weitverbreiteten Neigung nicht nachzugeben, welche schon bei kleinen Rechtsverletzungen oder auch nur Verstößen gegen weitgehende Empfindlichkeit neue Strafgesetze verlangt. Bessere Abhilfe schafft hier meist der Zivilprozeß. (S. 26.)

Heine. Der Wunsch ist berechtigt, mit möglichst wenig Strafbestimmungen auszukommen und recht viele der bestehenden zu beseitigen. Der Schutz, den Strafgesetze einem berechtigten Interesse gewähren, ist immer nur gering und man muß sich zurzeit hüten, der Bureaukratie neue Machtmittel zuzuwenden. (S. 34.)

Köhler. Die Zahl der Strafbestimmungen ist möglichst einzuschränken, damit nicht bei der Fülle der Strafdrohungen das Interesse für die Gesetzesbeobachtung, die Autorität des Gesetzgebers und der Strafe geschwächt werde. (S. 66/67.)

v. Liszt 1 schlägt erweiterte Anwendung der Buße auf privatrechtlichem Gebiete (BGB. § 847) und Sühneverfahren vor Schiedsmännern vor. (S. 15.)

Rosenberg 1. Die Zustände, die sich durch Überspannung der staatlichen Strafandrohung, Strafverfolgung und Strafvollstreckung herausgebildet haben, müssen als unvernünftige und widersinnige bezeichnet werden. (S. 31.)

Seuffert 1. Der Mißbrauch, der in der zweiten Hälfte des 19. Jahrhunderts mit der Ausnützung der Strafeinrichtung getrieben worden ist, ist zu verurteilen. Der strafrechtliche Schutz soll nur als äußerstes Mittel einsetzen, wo andere Mittel (vorgeschlagen werden genossenschaftliche Vereinigung, privatrechtliche Verbietungs- und Entschädigungsklage) nicht mehr zum Ziele führen. (S. 20/21).

Stooss 2. Der Strafgesetzgeber soll den Strafschutz nicht weiter ausdehnen, als es zum Schutze des Gegenstandes nötig ist. Da die Betätigung der Strafgewalt dem Staate große Opfer auferlegt, so soll der Strafgesetzgeber eingedenk sein, daß er dem Staate mit der Kriminalisierung eines Verhaltens auch eine Strafpflicht auferlegt, die sowohl den Staat wie den Betroffenen in Anspruch nimmt. Es ist also weise Ökonomie bei Begründung staatlicher Strafpflicht zu üben und jede Überspannung der Strafgewalt sorgsam zu vermeiden. (S. 213.)

v. Ullmann. Eine wichtige Forderung gegenüber der Strafgesetzgebung betrifft das Befolgen einer gewissen Ökonomie in der Anwendung der Strafe bei Handlungen, die wegen ihrer Rechtswidrigkeit oder Unsittlichkeit in strafrechtlicher Beziehung überhaupt in Betracht kommen können. Gibt es nicht Strafdrohungen, die im Hinblick auf die Verwendbarkeit milderer Sanktionen der Rechtsordnung die Strafe entbehrlich erscheinen lassen? Andrerseits drängt sich doch auch wieder die Frage auf, ob wertvolle Güter der Gesellschaft oder der Einzelnen in unserer Rechtsordnung hinreichenden Schutz finden. Die Frage wird z. B. mit Bezug auf die Angriffe auf die Ehre nicht bejaht werden können.

Wach 3. Die Überfülle der Strafgesetze ist zu verurteilen; es ist ein Zeichen sittlicher Schwäche, die Hebung der Sittlichkeit von der Bestrafung zu hoffen. (S. 14/15).

§ 2.

Die Vereinfachung in der Formulierung der Tatbestände.

Heine. Es ist notwendig, die Strafgesetze schärfer zu formulieren, die strafbaren Tatbestände genauer zu umgrenzen, namentlich auch die etwaigen strafschärfenden und strafmildernden Momente genauer zu bezeichnen und das richterliche Ermessen hinsichtlich der Strafmaße mehr einzuengen als bisher. Es unterliegt ja keinem Zweifel, daß mit der größeren Spezialisierung auch gewisse Gefahren verbunden sind, weil auch die klügste und am besten vordenkende Gesetzesfassung nicht alle Möglichkeiten erschöpfen kann und deshalb gerade bei sehr spezialisiertem Wortlaut des Gesetzes es leicht dazu kommen kann, daß ein Zufall des Ausdrucks darüber entscheidet, ob ein Tatbestand noch unter das Gesetz fällt oder nicht. Aber solche Grenzschwierigkeiten lassen sich nie ganz vermeiden, und jedenfalls sind sie die geringere Gefahr, als die Grenzenlosigkeit in der Anwendung des Gesetzes, die wir heut vielfach erleben.

Wach 3. Als Ausfluß ungesundesten Formalismus ist das Bemühen der möglichst exakten Feststellung des Tatbestandes zu verurteilen; es ist übel angebrachte Verschwendung von Geistesarbeit, die darauf verwandt wird. Denn der Kern der Sache: richtige Erkenntnis des Strafwürdigen und die gerechte Abwägung von Schuld und Strafe muß dabei nur zu oft außer Betracht bleiben. (S. 16/17.)

§ 3.

Nullum crimen sine lege.

v. Bar. Die im RStGB. über den Ausschluß der Anwendung der Analogie und des Gewohnheitsrechts enthaltenen Grundsätze sind durchaus beizubehalten. (S. 30.)

Kahl 1. Der Satz: nullum crimen sine lege muß bestehen bleiben, aber dem gesetzlichen Handlungsbegriffe selbst ist eine weitere Fassung zu geben, so zwar, daß Willkür ausgeschlossen, aber doch dem Richter die Anwendung des Strafgesetzes auf den genusgleichen Fall ermöglicht ist. (S. 218/219.)

Köhler. Der Satz: nullum crimen sine lege darf nicht aufgegeben werden. Jedoch soll eine gesunde Analogie nicht unterbunden werden. Zu diesem Zwecke wird folgende Formulierung des § 2 Abs. 1 RStGB. vorgeschlagen:

„Eine Handlung kann nur dann mit Strafe belegt werden, wenn deren Strafbarkeit vor der Begehung im Gesetz enthalten ist.“ (S. 45/46).

Kohler 1. Es ist unserer Rechtsordnung durchaus angemessen, daß niemand bestraft wird für eine Tat, die nicht gesetzlich mit Strafe bedroht ist. Der Ausschluß der Analogie ist demnach zu billigen. (S. 91.)

Wach. Der auf Formalismus und Scholastizismus beruhende Ausschluß der analogen Anwendung der Strafdrohung ist nicht zu billigen. (S. 16.)

§ 4.

Der Unterschied zwischen kriminellem und polizeilichem Unrecht; Ausscheidung des polizeilichen Unrechts aus dem StGB.

v. Bar. Da an ein umfassenderes Reichspolizeistrafgesetzbuch nicht zu denken ist, wird die Ausscheidung des 29. Abschnittes aus dem RStGB. nicht empfohlen. Gegenüber den Ausscheidungsbestrebungen wird auf den oft nur quantitativen Unterschied zwischen Übertretungen einerseits, Verbrechen und Vergehen andererseits, und auf die oft vorhandene innere Verwandtschaft gewisser Übertretungen mit den andern Delikten hingewiesen. Auch wäre nach v. Bars Meinung der Stoff, der hier als Reichsrecht erscheinen würde, für ein besonderes Gesetz wohl nicht umfangreich genug und vermutlich würden starke partikulare Strömungen sich geltend machen, von dem Kerne des Reichspolizeistrafrechts, den wir jetzt im 29. Abschnitt besitzen, möglichst viel zum Vorteil der Landesgesetzgebung abzubröckeln. (S. 26/28.)

van Calker. Die Polizeiübertretungen sind aus dem RStGB. auszuscheiden, auch schon, um dadurch die Haftstrafe beseitigen und so die sehr wünschenswerte Vereinfachung des Strafensystems herbeiführen zu können. (S. 250.)

26. Deutscher Juristentag. In Ansehung der äußeren Gestaltung der Revision ist dem Gesetzgeber zu empfehlen, daß eine Ausscheidung des Polizeistrafrechts vorgenommen wird, wobei vorbehalten werden kann, ob und inwieweit dieses der landesrechtlichen Ordnung zu überlassen oder in Verbindung mit anderen Teilen des Verwaltungsstrafrechts in einer besonderen Reichspolizeiordnung zu kodifizieren sei. (S. 602.)

Finger. Da sich die Meinung ausgebildet hat, daß mit gewissen Strafen, ja mit der bloßen Untersuchung durch den Kriminalrichter Infamie verbunden ist, so ist es ratsam, durch besondere Bezeichnungen die vom Volke gezogenen Grenzlinien scharf hervortreten zu lassen und für die Klage objektiv geringerer Verbrechen besondere Behörden und ein besonderes Verfahren anzuordnen.

Goldschmidt 1. Das Polizeistrafrecht ist nicht generisch eigentliches Strafrecht und innerhalb desselben etwa die Materie der abstrakten Gefährdungen; sondern als Verletzungen der öffentlichen Ordnung, die in dieser Hinsicht Fürsorgeobjekt der Verwaltung ist, müssen die Polizeidelikte zu einem Institut des Verwaltungsrechts erhoben werden. Zunächst müssen demnach alle Polizeidelikte aus dem RStGB. ausgeschieden und dann in einem allgemeinen Verwaltungsstrafgesetzbuch kodifiziert werden. (S. 24.)

Derselbe 2. Dem vom 26. Deutschen Juristentage gefaßten Beschlusse ist mit der Maßgabe beizutreten: 1. daß eine Kodifikation des Verwaltungsstrafrechts grundsätzlich ohne eine Kodifikation des entsprechenden nicht deliktischen Verwaltungsrechts so wenig denkbar ist, wie eine Kodifikation des bürgerlich-rechtlichen Schadensersatzrechts ohne eine Kodifikation des damit zusammenhängenden bürgerlichen Rechts, daß also, wenn und soweit eine Kodifikation des Verwaltungsstrafrechts erfolgt, sie nicht in einem Verwaltungsstrafgesetzbuche, sondern nur in einem Verwaltungsgesetzbuche erfolgen kann; 2. daß daher eine reichsgesetzliche Kodifikation des Verwaltungsstrafrechts grundsätzlich nur in denjenigen verwaltungsrechtlichen Materien denkbar ist, die auch sonst reichsgesetzlich geregelt sind, daß hingegen alle übrigen Materien, insbesondere das Polizeirecht, vor der Hand grundsätzlich der landesgesetzlichen Regelung überlassen bleiben müssen. (S. 862/863.)

Heine. Was die einzelnen strafbaren Tatbestände betrifft, so muß zunächst der mehrfach gemachte Vorschlag, das Gebiet des Polizeistrafrechts, der heut sogenannten Übertretungen, von der Neuregelung des Reichsstrafrechts ganz oder vorläufig auszuschließen, entschieden zurückgewiesen werden. Auf keinem Gebiet hat sich die Rechtsprechung so in schrankenloser Willkür verloren, wie auf diesem; man denke an den groben Unfug, die Sonntagsruheverordnungen usw. Dieser sich mit dem Verwaltungsrecht berührende Teil des Strafrechts enthält auch ganz besonders große Gefahren für die bürgerliche Freiheit und bedarf deshalb am dringendsten einer Normierung durch Reichsgesetz. (S. 33.)

Kahl 1. Ausgehend von dem vorhandenen, wenn auch wissenschaftlich noch nicht geklärten Unterschied zwischen dem kriminellen und polizeilichen Unrecht fordert K. die Ausscheidung aller der Tatbestände aus dem RStGB., welche sich nach der natürlichen Auffassung der Dinge und dem volkstümlichen Instinkt für die Strafwürdigkeit einer Handlung als Polizeidelikte darstellen. Danach ist eine Kodifikation des gesamten Verwaltungsstrafrechts, von dem das Polizeistrafrecht nur ein Teil ist, vorzunehmen. (S. 212/215.)

Köhler. Da die Polizeidelikte vom kriminellen Unrecht qualitativ nicht verschieden, sondern nur besonders leichte und nicht als ehrenrührig erscheinende Rechtsgüterverletzungen sind, wird die Beibehaltung der Polizeidelikte im StGB. empfohlen. Dafür spricht auch die dadurch ermöglichte Aufrechterhaltung der Garantien, welche die Justizrechtspflege gegenüber der Verwaltung voraus hat und auch die nahe Verwandtschaft gewisser Übertretungen zu den andern das nämliche Rechtsgut schützenden Delikten. Es wird die Einfügung der einzelnen Polizeidelikte bei denjenigen Materien des übrigen Kriminalunrechtes vorgeschlagen, denen sie zugehören. (S. 17/18).

v. Liszt 2. Das Gesamtgebiet der Polizeidelikte, an deren innerem Unterschied vom kriminellen Unrecht heute kaum ernstlich mehr gezweifelt wird, ist aus dem künftigen RStGB. auszuscheiden. Durch diese Ausscheidung wird die Verständigung über alle einschlägigen Fragen, sowohl über das Strafensystem wie über die Verschuldung und die Erscheinungsformen der Verbrechen ganz wesentlich vereinfacht werden. (S. 272/274).

Mayer 2. Die Strafrechtsnormen gehören teils dem Justizstrafrecht, teils dem Verwaltungsstrafrecht an. Die Delikte des ersteren widersprechen zugleich einer Rechtsnorm und einer Kulturnorm, die der letzteren nur einer Rechtsnorm.

Rosenberg 1. Zu einer grundsätzlichen Änderung auf dem Gebiete des 29. Abschnittes des RStrGB. besteht kein Bedürfnis. Denn weder ist ein praktisches Bedürfnis anzuerkennen, die sog. Übertretungen in Polizeidelikte und kriminelles Unrecht zu scheiden, noch ist ein theoretischer Grund vorhanden, warum die Polizeidelikte grundsätzlich milder bestraft werden sollen, als die kriminellen Delikte. Höchstens könnten diejenigen Delikte, bei welchen eine Überweisung an die Landespolizeibehörde zulässig ist, aus der Zahl der Übertretungen gestrichen und andererseits in den Kreis der Übertretungen „des leichtesten und mildesten Grades einer strafbaren Handlung“ einzelne Delikte aufgenommen werden, wie z. B. § 296 Abs. 2 RStGB. und eine Anzahl leichter Fahrlässigkeitsdelikte. (S. 44/46).

Seuffert 1. Wenn es auch ausgeschlossen ist, daß man Merkmale aufstellen kann, die geeignet sind, in begrifflicher Allgemeinheit und mit praktischer Durchführbarkeit das polizeiliche vom kriminellen Unrecht zu scheiden, so ist eine Trennung und Ausscheidung der Polizeidelikte aus dem RStGB. doch praktisch und verständig, da eine verschiedenartige Behandlung der beiden Gebiete vielfach angezeigt ist. Ein Reichspolizeistrafgesetzbuch soll die allgemeinen und die für das Reich übereinstimmenden besonderen Bestimmungen enthalten. Ein großer Teil des Polizeistrafrechts wird nach wie vor der Landesgesetzgebung zu überlassen sein. (S. 26/27).

§ 5.

Die Dreiteilung der strafbaren Handlung.

Köhler. Unter Aufrechterhaltung der Dreiteilung des RStGB. schlägt K. vor, daß bei Verbrechen nicht das angedrohte Strafmaximum entscheiden soll, sondern die verwirkte Strafe von bestimmter Höhe (mindestens 2 Jahre). Als Freiheitsstrafe von 2 Jahren (und mehr) soll Zuchthaus festgesetzt werden, für Vergehensstrafen Gefängnis. Jedoch soll für gewisse Fälle (z. B. Begünstigung) das Höchstmaß der angedrohten Strafe aufrecht erhalten bleiben. (S. 19/20).

v. Liszt 1. Die Dreiteilung des RStGB. ist verkehrt, weil ihr praktischer Wert für den Prozeß infolge des GVG. sehr gering ist, weil ferner die Vergehen des RStGB. mit den Verbrechen durchaus wesensgleich sind und die Übertretungen als polizeiliches Unrecht selbständig behandelt werden müssen. (S. 26).

Rosenberg 2. Die Dreiteilung des RStGB. beruht nicht auf Begriffsmerkmalen, sondern auf Zweckmäßigkeitsgründen. Die vielfachen Versuche, einer Einteilung der strafbaren Handlungen einen begrifflichen Unterschied zwischen kriminellem und polizeilichem Unrecht zugrunde zu legen, sind als gescheitert zu betrachten; auch der einzige vom positiven Rechte aufgestellte Unterschied (bei Polizeidelikten Gleichstellung von dolus und culpa) ist kriminalpolitisch nicht brauchbar. Eine materiell begründete Einteilung läßt sich nur durchführen, wenn das subjektive Verschulden des Täters die Grundlage der Einteilung bildet. R. schlägt folgendes System von Delikten vor: fahrlässige — grobfahrlässige — vorsätzliche — böswillige Handlungen. Jede dieser Abteilungen zerfällt in geringe und erhebliche Delikte, welche sich immer durch die Verschiedenheit der angedrohten Strafen unterscheiden. (S. 1 ff.)

Seuffert 1. Die Dreiteilung des RStGB., namentlich die Unterscheidung von Verbrechen und Vergehen ist aufzugeben, denn sie ist geeignet, die Unwerturteile des Volkes zu verwirren, ohne im Rechtsleben sich als wertvoll zu erweisen. Das unter Ausscheidung des Polizeiunrechts im RStGB. allein verbleibende kriminelle Unrecht wird am besten gar nicht geteilt. (S. 21/22 u. 26).

Wach 1 In der berüchtigten französisch-rechtlichen Trichotomie der strafbaren Handlungen mit ihrer Fülle willkürlicher Konsequenzen feiert der Formalismus den höchsten Triumph. (S. 41.)

Wach 3. Die Dreiteilung des RStGB., mit der eminente Konsequenzen verbunden sind, ist als eine rein äußerliche und schablonenhafte zu verwerfen. (S. 17).

§ 6.

Die Einarbeitung der strafrechtlichen Nebengesetze in das StGB.

v. Bar. Es wäre ein Fehlgriff, alle in andern Reichsgesetzen sich findenden Strafbestimmungen in das RStGB. aufzunehmen, da das Strafgesetzbuch gegenüber den fortlaufend neu erlassenen mit Strafbestimmungen versehenen Gesetzen doch bald recht unvollständig wieder werden würde. Auch würde man dadurch ein bei jenen besonderen Strafbestimmungen, die nur ein Annex anderer Rechtsmaterien sind, jetzt vorhandenes wichtiges Interpretationsmittel beseitigen. (S. 26.)

26. Deutscher Juristentag. In Ansehung der äußeren Gestaltung der Revision ist dem Gesetzgeber zu empfehlen, daß die Gelegenheit wahrgenommen werde, den Stoff der strafrechtlichen Ergänzungsgesetze mindestens insoweit in das Strafgesetzbuch einzuverleiben, als es zur Vereinfachung der gesetzlichen Tatbestände wünschenswert und zur Beseitigung der aus der Gelegenheitsgesetzgebung erwachsenen zahlreichen Inkongruenzen notwendig ist. (S. 602.)

Kahl 1. Die Einarbeitung der strafrechtlichen Ergänzungsgesetze, mit Ausnahme der Polizeidelikte, in das RStGB. ist nötig, um die Dezentralisation der Strafrechtsquellen, die der Rechtskenntnis sowohl wie der Rechtsanwendung hinderlich ist, abzustellen und um die ungleichartige Entwickelung des Rechtsgüterschutzes zu verhindern. Gleichzeitig würde dadurch die Systematisierung des besonderen Teils revidiert und der Anstoß gegeben werden, eingehendere Erwägungen über die verderbliche Gelegenheitsgesetzgebung auf strafrechtlichem Gebiete überhaupt anzustellen. (S. 216/218.)

Köhler. Zwecks Vermeidung von Wiederholungen, Beseitigung von Lücken und Ungleichheiten, besserer Vermittelung der Rechtskenntnis ist die Einarbeitung der strafrechtlichen Bestimmungen anderer Reichsgesetze in das RStGB. ein dringendes Bedürfnis. Auszuschließen von der Einarbeitung sind jedoch 1. Strafbestimmungen, welche häufigem Wechsel unterliegen, 2. solche, welche technische Vorkenntnisse voraussetzen und nur im Zusammenhang mit außerstrafrechtlichen Bestimmungen den Tatbestand verständlich machen, 3. solche für einen besonderen Lebensberuf, die eine Mehrheit verschiedenartiger Delikte betreffen. (S. 17.)

Kronecker. Bei der Revision des StGB. ist das Polizeistrafrecht auszuscheiden, dagegen der das kriminelle Unrecht behandelnde Inhalt der übrigen Reichsgesetze einzuarbeiten. (S. 244.)

v. Liszt 2. Die in den verschiedenen Nebengesetzen zerstreuten Strafbestimmungen sind, soweit sie nicht lediglich Polizeistrafen sind, in das RStGB. aufzunehmen. Diese Einarbeitung wird eine Vereinfachung des reichen Stoffes, die Beseitigung der heute vorhandenen Widersprüche und technischen Fehler bewirken und wird die heute für Juristen wie Laien gleich schwierige Rechtskenntnis erleichtern und so erst die Prüfung ermöglichen, ob das Gesetzbuch dem heutigen Rechtsbewußtsein des deutschen Volkes wirklich entspricht. (S. 274/275.)

Seuffert 1. Die in den Nebengesetzen untergebrachten strafrechtlichen Bestimmungen sind in das RStGB. aufzunehmen. Beseitigung der jetzt herrschenden Unklarheiten, Ausmerzung überflüssiger Gesetze würde das sicher zu erwartende Ergebnis sein. (S. 26/27.)

Kapitel III.

Das Strafensystem.

§ 1.

Die Todesstrafe.

Auer 1. Für die Abschaffung der Todesstrafe. Der Vollzug der Todesstrafe erscheint in jeder Form als staatsrechtlicher Greuel, als „öffentlichrechtliche Unreinlichkeit". (S. 31.)

Auer 2. Daß die Kriminalität — d. i. die Häufigkeit — der „todeswürdigen" Verbrechen in den Ländern, die die Todesstrafe abgeschafft haben, nicht zunimmt, ist statistisch nachgewiesen. Die Todesstrafe ist beseitigt in Italien, Holland, in einzelnen der Vereinigten Staaten Nordamerikas, in Rumänien, Portugal, in Brasilien und mehreren anderen Staaten Südamerikas. In der Schweiz schwankt der Rechtszustand. Aber der Schweizer Entwurf eines künftigen Strafgesetzbuchs, ebenso der norwegische Entwurf haben die Todesstrafe nicht aufgenommen.

v. Bar. Die Todesstrafe ist nur beizubehalten für die Fälle des StGB. § 80; für die Fälle des Versuches aber nur, sofern eine bedeutendere Verletzung des Kaisers oder des Landesherrn erfolgte, für den Fall, daß ein zu lebenslänglicher Freiheitsstrafe Verurteilter einen Mord begeht, für den Fall, daß der Schuldige mehrere Morde begeht oder wieder wegen Mord verurteilt wird, nachdem er bereits auf Grund eines inländischen Urteils wegen Mord eine Strafe ganz oder teilweise erlitten hat. (S. 29ff.)

Brückmann 1. Ausschlaggebend ist der Grund, daß die Androhung der Todesstrafe in der Tat als das wirksamste Abschreckungsmittel so lange gelten muß, bis das Gegenteil dargetan ist.

van Calker. Die Todesstrafe ist in den Anwendungsfällen des geltenden Rechtes beizubehalten; es sind die Fälle im Gesetze besonders hervorzuheben, bei welchen nach dem Motiv oder der Art und Weise der Tat eine besondere verbrecherische Gesinnung gegeben erscheint; diese Fälle sind als Mord mit dem Tode zu bedrohen. (S. 249 ff.)

Dosenheimer. Im Bundesrat und Reichstag wird wieder die Frage aufgeworfen werden, ob die Todesstrafe auch ferner beizubehalten ist. Sache des Reichstags ist es, falls die Regierungen sie aufrechterhalten wollen, einmütig dagegen aufzutreten. Es wäre an der Zeit, daß eine Strafe, die dem ethischen und rechtlichen Empfinden aufs schärfste widerspricht, endlich aufgehoben werde. So lange die Todesstrafe herrscht, hat unser Strafgesetzbuch den Charakter eines barbarischen, an die Zeiten des finstern Mittelalters erinnernden Gesetzes. Darum fort mit der Todesstrafe!

Heine. Im Strafensystem muß zunächst die Todesstrafe fallen, weil sie allen Anforderungen widerspricht, die man an ein Strafmittel stellen muß, z. B. keine Fähigkeit der Anpassung an den besonderen Fall besitzt, auch nicht reparabel ist, und weil sie mit unseren Humanitätsanschauungen unvereinbar bleibt. (S. 33.)

Kahl 2. Für die Beibehaltung der Todesstrafe. (S. 106 f.)

Katzenstein. Abgesehen von dem Schreckbilde des Justizmordes, dem jedoch ausschlaggebende Bedeutung nicht zukommt, haben sich stichhaltige Bedenken gegen die Todesstrafe nicht ergeben. Die Beibehaltung der Todesstrafe ist unter den heutigen politischen und sozialen Zuständen in Deutschland zur Aufrechterhaltung der Rechtsordnung durchaus notwendig. (S. 19 ff.)

Köhler. Für die Beibehaltung der Todesstrafe; sie stellt keine ungerechte Reaktion der Gesellschaft bei den allerschwersten Verbrechen dar, denn die Schwere der Tat bemißt sich nach der Gesinnung und man hat erst die Erfahrung in den letzten Jahren gemacht, daß begnadigte Mörder durch Tötung eines Aufsehers oder Ausbruch aus dem Zuchthaus ihre der Gesellschaft gefährliche Gesinnung gezeigt haben. (S. 20 ff.)

v. Liszt 2. Die Abschaffung der Todesstrafe kann bei der geringen Zahl der gefällten Todesurteile nicht vom kriminalpolitischen Standpunkt aus als eine der brennendsten Fragen betrachtet werden. Der künftige Gesetzgeber wird, wenn er die Todesstrafe beibehält, die Anwendungsfälle revidieren müssen, wobei der Unterschied zwischen Mord und Totschlag fallen wird. (S. 290 ff.)

Lohsing 1. Die Todesstrafe ist als eine zu schwere Strafe völlig abzuschaffen; die von Gross vorgeschlagene Abschaffung der Todesstrafe nur für Anarchisten ist unausführbar. (S. 1/2.)

Näcke 1. Die Todesstrafe ist humaner als lebenslängliche Haft und ist beizubehalten.

Seuffert 1. Gegner der Todesstrafe; sie ist nur aufrecht zu zu erhalten für den Krieg, für Zeiten des Aufruhrs zur Hervorbringung von Augenblickerfolg, sowie den schwarzen, braunen und gelben Landsleuten gegenüber. (S. 56/57.)

Sichart 1. Für Beibehaltung der Todesstrafe. (S. 154.)

Wolf. Die Grenze für die Anwendung der Todesstrafe heißt „Staatsnotwendigkeit“. Im standrechtlichen Verfahren“ (bei Aufstand, Aufruhr) „kann die Tötung eine Staatsnotwendigkeit sein — aber bei Übertretungen des Strafgesetzes durch Handlungen, die keinen Angriff gegen die Existenz des Staates in der Weise bilden, daß dieselbe erschüttert wird und der Staat wirklich aufs schwerste bedroht erscheint, ist sie unzulässig. (S. 250.)

§ 2.

Die bestehenden Freiheitsstrafen.

Auer 1. Beibehaltung der Haft als einfacher Detinierung; Beseitigung der Festungshaft. Nicht nur Beibehaltung von Zuchthaus und Gefängnis, sondern auch Einschiebung von Zwischenstufen zwischen beiden.

v. Bar. Haft für Übertretungen, soweit nicht Geldstrafe stattfindet, also namentlich für den Fall der Zahlungsunfähigkeit bei Geldstrafe, die wegen Übertretung erkannt wurde, oder soweit nicht auf Arbeitshaus erkannt wird.

Gefängnis für Verurteilte, denen man die bürgerlichen Ehrenrechte beläßt bezw. denen nur die bekleideten Ämter und zeitweilig das öffentliche Wahlrecht oder das Recht, öffentliche Ämter zu bekleiden, entzogen wird.

Zuchthaus für Verurteilte, denen man die bürgerlichen Ehrenrechte im weiteren Umfang aberkennt.

Festungshaft würde als entbehrlich wegfallen. (S. 29 ff.)

Bovensiepen. Unsere kurzzeitigen Freiheitsstrafen bedürfen dringend der Beseitigung; sie verfehlen vollkommen ihren Zweck; bei ihrer Kürze können sie weder eine Besserung des Verbrechers, eine nachhaltige Einwirkung auf ihn, noch seine Abschreckung erreichen.

van Calker. Zuchthaus, Gefängnis, Festungshaft, Geldstrafe und Verweis sind beizubehalten, auf die Haftstrafe aber zu verzichten, weil heute zwischen Haft und Gefängnis kein wesentlicher Unterschied besteht; der Verzicht wird umsomehr möglich sein, wenn die Polizeiübertretung aus dem StGB. ausgeschieden wird. Die regelmäßige Strafe für schwere Delikte bleibt Zuchthaus, wie im geltenden Rechte; der Gesichtspunkt, daß die Schwere des Verbrechens durch die Intensität der verbrecherischen Gesinnung begründet wird, ist schärfer zu berücksichtigen.

Zuchthaus wird besonders einzutreten haben in den Fällen, in welchen das geltende Recht wegen Verwerflichkeit der Gesinnung neben der Gefängnisstrafe die Aberkennung der bürgerlichen Ehrenrechte ausspricht; und dann bei Rückfall. Die regelmäßige Strafe für Vergehen ist im Maximum zwei Jahre, Minimum ein Tag. Festungshaft ist beizubehalten; über den Vollzug dieser Strafe sind besondere Normen aufzustellen, welche eine gleichmäßige, einheitliche Vollstreckung ohne Ansehen der Person des Häftlings garantieren. Die Buße — eine im Strafverfahren auszusprechende Genugtuung für den Verletzten — ist ebenfalls beizubehalten. (S. 249 ff.)

Heine. Die Freiheitsstrafen sollten nicht, wie vielfach gefordert wird, mechanisch vereinheitlicht, sondern erst recht differenziert werden. (S. 22 f.)

Kahl 2. Die Strafmittel des geltenden Rechtes können unter dem Vorbehalt einer auf stärkere Individualisierung berechneten Einzelreform der Art nach bestehen bleiben. Der Wertunterschied zwischen Zuchthaus und Gefängnis muß fühlbar ausgestaltet werden. (S. 106 ff.)

Kallina. Es erscheint eine Revision des Strafensystems, welche verschärfte Formen kurzzeitiger Freiheitsstrafen aufnimmt, unerläßlich.

Köhler. Zu unterscheiden sind drei Strafarten nach ihrer Schwere, indem Zuchthaus schärfer geschieden würde von Gefängnis und dieses schärfer von Haft. Innerhalb jeder Strafart sind zwei verschiedene Klassen des Strafvollzuges zu bilden, eine für die einer Besserungsstrafe zu unterwerfenden, und eine für die anderen. Die Einteilung kann entweder durch Gesetz, welches sie generell bestimmt, oder sie kann auch durch Gerichtsbeschluß bestimmt werden.

Die Festungshaft kann fallen und an ihre Stelle Gefängnis und Haft treten. Das Haftmaximum von 3 Monaten empfiehlt sich bei Polizeidelikten und anderen geringwertigen Delikten, bei letzteren nicht nur sofernder Delinquent vermögenslos ist. Die Verweisung in die Besserungsabteilung wäre bei der Haft, welche wegen Vergehen verhängt wird, auszuschließen.

v. Liszt 2. Die Zahl der Freiheitsstrafen vermindert sich um die Haft. Durch Ausscheidung der Polizeiübertretung hat sie keine Daseinsberechtigung mehr, auch Festungshaft ist bei entsprechender Gestaltung des Gefängnisses entbehrlich. Bei der Wahl zwischen Zuchthaus und Gefängnis mag die Schwere der Tat den Ausschlag geben. Der Unterschied zwischen Zuchthaus und Gefängnis soll im Gesetz über den Strafvollzug schärfer ausgebildet werden. (S. 291.)

Medem. Die lebenslängliche Sicherungshaft, die langzeitige Erziehungshaft und die kurzzeitige Strafhaft bedingen eine ganz verschiedenartige Gestaltung: die erste nur Absperrung gegen die Außenwelt, die zweite Anwendung der Pädagogik, die dritte, daß sie als Ungemach empfunden werde und abschreckend wirke. Die beiden ersten führen naturgemäß grundsätzlich zu einer milden Behandlung; dieselbe Milde aber bei der Strafhaft angewendet, ist widersinnig. (S. 3.)

Seuffert 1. An Stelle von Zuchthaus, Gefängnishaft und Festungshaft treten Gefängnis, Haft, Arbeitshaus. Was mit Zuchthaus und Gefängnis erreicht wird, kann auch mit Gefängnis allein erreicht werden, welches zur methodischen Erziehung zum Gehorsam angelegt sein soll.

Es empfehlen sich folgende Grundsätze für die Anwendung der Strafarten: Gefängnis für Rohheit, Gemeinheit, Unzucht, Gewinnsucht, aber auch für die Verwahrlosten und Heruntergekommenen, wenn Aussicht auf Umkehr und Besserung vorhanden ist. Haft für Leidenschaft, Unbotmäßigkeit, Auflehnnng, Nachlässigkeit. Arbeitshaus für die nach der Erfahrung Unverbesserlichen. Dabei müssen aber auch Jugendgefängnisse vorhanden sein.

Höchstmaß des Gefängnisses 15 Jahre, Mindestmaß 1 Woche. Höchstmaß der Haft 15 Jahre, Mindestmaß 1 Tag. Höchstmaß des Arbeitshauses 15 Jahre, Mindestmaß 6 Monate. (S. 61 ff., 66.)

Sichart 1. Für Verbrechen als ordentliche Freiheitsstrafen Gefängnis, für Übertretungen die Haft, als außerordentliche Freiheitsstrafe gegen Verbrechen Zuchthaus, gegen Übertretungen die Festungshaft. Der zeitig höchste Betrag der Gefängnisstrafe 15 Jahre, der mindeste ein Tag. Die zu Gefängnis Verurteilten, welche ihre Strafe in einer Gefangenanstalt verbüßen, sollen auf eine ihren Fähigkeiten,

Kräften und Verhältnissen angemessene Weise beschäftigt werden. Höchster Betrag der Haft ist 6 Wochen, ihr mindester ein Tag. Sie besteht in einfacher Freiheitsentziehung, Zwangsarbeit findet nicht statt. Das Recht der Selbstbeköstigung und Selbstbeschäftigung während der Strafverbüßung ist vorbehalten. Sie wird verhängt, wenn das Gericht sie der Bildungsstufe oder den bürgerlichen Verhältnissen des Verurteilten sowie den besonderen Umständen der Tat oder der zugrunde gelegenen Gesinnung angemessen findet und im Strafurteil anordnet. Wenn der Richter Rückfälligkeit fürchtet, soll er das Strafmaximum sowie Vollzug im Zuchthaus aussprechen. Zuchthaus dient auch zum Vollzuge lebenslänglicher Freiheitsstrafe vorbehaltlich der zu Festungshaft lebenslänglich Verurteilten. Die Anordnung einer Festungshaft als besondere Strafart für einige wenige Vergehen ist ein Fehler. Spricht man gegen Bettler und Vagabunden empfindliche Gefängnisstrafen in geeigneter Art aus, so fällt jeder Grund für das Fortbestehen der Arbeitshäuser weg. (S. 154 ff.)

Strassmann. Vom ärztlichen Standpunkt aus scheinen die Bestrebungen unterstützenswert, welche darauf zielen, dem Richter größere Freiheit in der Strafabmessung und damit die Möglichkeit zu gewähren, der Individualität des Täters mehr Rechnung zu tragen, die Bestrebungen also auf Einführung bedingter Verurteilung, auf Herabsetzung des Strafminimums im allgemeinen, auf wahlweise Zulassung verschiedener Strafarten statt einer einzelnen. In bezug auf letzteren Punkt erscheint es im einzelnen erforderlich, bei den bisher ausschließlich mit Zuchthaus bedrohten Delikten, bei denen Zubilligung mildernder Umstände ausgeschlossen ist, diese und damit Gefängnisstrafe, deren Maximum von 5 auf 15 Jahre zu erhöhen wäre, bei anderen bisher ausschließlich mit Gefängnis belegten Vergehen event. für den ersten Fall Geldstrafe zuzulassen. (S. 18/19.)

§ 3.

Weitere Arten von Freiheitsstrafen. Überweisung an die Landespolizeibehörde. Arbeitshaus.

Aschaffenburg 1. Die Überweisung an die Landespolizeibehörde muß in ihrem Inhalte erweitert werden, indem man die Maximalgrenze von 2 Jahren für den von der Polizei anzuordnenden Aufenthalt im Arbeitshaus beseitigt. Sodann müssen die besseren Elemente versuchsweise entlassen werden, andere jahrelang, unter Umständen bis zum Lebensende interniert bleiben können. (S. 215 ff.)

Auer 1. Die Überweisung an die Landespolizei könne vom Richter erkannt werden gegen Dirnen, Zuhälter, Arbeitsscheue, Landstreicher, Bettler, Erwerbslose; sie bedeutet für Ausländer Ausweisung aus dem Reichsgebiet, für Inländer korrektionelle Nachhaft, das Arbeitshaus. (S. 22.)

v. Bar. Es muß eine Strafe bestehen, die sich darstellt als einfache Entziehung der Freiheit, ohne weitere den Verurteilten besonders benachteiligende, quälende Nebenumstände, soweit solche nicht geradezu unvermeidlich sind. In den Anstalten müssen besondere Zellen und Einrichtungen für die zu einfacher Freiheitsentziehung Verurteilten bestehen, welche für sich zahlen. Für Nichtzahlende muß eine andere modifizierte Behandlung bestehen, weil man ihnen nicht auf Staatskosten eine bessere Lebensweise gewähren kann, als sie in der Freiheit sich selbst anschaffen würden. (S. 5 ff.)

van Calker. Gegen Personen, welche durch wiederholten Rückfall einen Hang zur Begehung von Verbrechen bewiesen haben, soll neben der Strafe die Überweisung an die Landespolizei zum Zwecke der Unterbringung in ein Arbeitshaus auf die Dauer von 1—15 Jahren verhängt werden. (S. 261 ff.)

v. Hippel. Zu fordern ist: 1. Hilfe für die durch Not zum Vagabundieren gezwungenen hilfsbedürftigen Wanderer durch einheitliche gesetzliche Regelung unter Beseitigung der bestehenden unbrauchbaren armenrechtlichen Vorschriften. Was die Tätigkeit der Arbeiterkolonien anbetrifft, so muß gebrochen werden mit dem Prinzip, daß die Aufnahme ohne Rücksicht auf die Würdigkeit erfolgt. 2. Bekämpfung der gewohnheits- und gewerbsmäßigen arbeitsscheuen Vagabunden. Hierzu ist zunächst die Beseitigung des § 363 RStGB. nötig und Bestrafung der Fälschung von Legitimationspapieren nicht als Übertretung, sondern nach den gewöhnlichen Grundsätzen über Urkundenfälschung. Sodann müssen diese Vagabunden auf 6 Monate bis 2 Jahre in ein Arbeitshaus gesperrt werden. Das gerichtliche Verfahren hierbei muß das abgekürzte des § 211 Abs. 2 StrPO. sein. Nach der Entlassung des Bestraften ist sein weiteres ehrliches Fortkommen tunlichst zu fördern.

Sichart 1. 1. Es sind keine weiteren neuen Freiheitsstrafen einzuführen. 2. § 361 Z. 3, 4, und § 365 Z. 2 des RStGB. soweit die letzteren von der Unterbringung in dem Arbeitshaus handeln, sind zu streichen und an geeigneter Stelle vor Teil II Absch. XXIX, der von den Übertretungen handelt, die folgenden Bestimmungen einzuschalten: Wer geschäfts- oder arbeitslos umherzieht und nicht nachzuweisen vermag, daß er die Mittel zu seinem Unterhalt besitzt oder redlich zu erwerben sucht, wird wegen Landstreicherei mit Gefängnis von einem Tage bis zu einem Jahre, und wer mit Waffen oder mit Drohungen als Landstreicher umherzieht, mit Gefängnis von 6 Wochen bis zu 2 Jahren bestraft. Wer Personen, denen keine rechtliche oder moralische Pflicht zu seiner Unterstützung obliegt, um ein Geschenk zur Befriedigung seiner Lebensbedürfnisse bittet, wird wegen Bettelns mit Gefängnis von 1 Tag bis zu 1 Jahr, und wer unter Drohung und mit Waffen bettelt, mit Gefängnis von 6 Wochen bis zu 2 Jahren bestraft. (S. 154 ff.)

§ 4.

Der Strafvollzug. Einzelhaft. Arbeitszwang. Progressivsystem. Disziplinarmittel. Vergünstigungen. Verschärfungen.

Aschaffenburg 1. Es empfiehlt sich ein Strafvollzug in verschiedenen Abstufungen bis eventuell zur Beurlaubung vor Ablaut der Strafzeit nach dem Grundgedanken des irischen Systems.

Sehr viel richtiger wäre es, statt der Haft, die dem Staate nur Kosten macht, und der außerdem jede Wirksamkeit als Strafe fehlt, die Verpflichtung zu Gemeinde- und ähnlichen Arbeiten zu setzen.

Die 1897 von der Internationalen kriminalistischen Vereinigung aufgestellten Thesen sind noch zu erweitern; auch der Staatsanwaltschaft, den Gerichten und der Verwaltungsbehörde muß eine Mitwirkung bei der Entscheidung über den Strafvollzug eingeräumt werden. (S. 222.)

Auer 1. Weg mit der kurzzeitigen Freiheitsstrafe. Unschädlichmachung der Unheilbaren durch Isolierung von der Gesellschaft in lebenslänglicher Sicherheitshaft.

Ins Arbeitshaus nur die besserungsfähigen Elemente. Peinlich genau wird das Gesetz die Einzelhaft im Gegensatz zur Gemeinschaftshaft, der „Bruthenne des Verbrechens", regeln müssen, eingehend sich mit Strafen der Hausdisziplin und mit Strafverschärfungen, Schmälerung der Kost, Entziehung des Lagers, der Arbeit, der Lektüre, Dunkelkammer zu beschäftigen haben. (S. 32.)

v. Bar. Untersuchungsgefangene und alle Personen, die nur zu kürzeren Freiheitsstrafen verurteilt sind, müssen in Isolierhaft gehalten werden. Für die zu Zuchthaus Verurteilten die erste Zeit unbedingte Einzelhaft; der Richter kann im Urteile bestimmen, daß später auch nur mit Zustimmung des Verurteilten von der Einzelhaft abgesehen werden darf.

Im Falle der Zahlungsfähigkeit das Recht der Selbstbeköstigung. Arbeitshausstrafe für professionelle Bettler und ähnliche Personen. Diese Strafe würde in gewissem Umfang als unbestimmte von dem Ermessen einer zu diesem Zwecke zu organisierenden Kommission in ihrer Dauer bestimmt werden. Für Jugendliche besondere Anstalten. Ebenso für körperlich oder geistig Zurückgebliebene. (S. 29 ff.)

v. Bülow. Es käme in Betracht, ob nicht in gewissen Fällen Verschärfungen der Freiheitsstrafe (etwa wie bei militärischem Arrest) angebracht wäre, namentlich solche, die körperliches Ungemach mit sich bringen; so insbesondere gegenüber Brutalitätsverbrechern, Messerhelden, Zuhältern, anarchistischen Bombenwerfern usw. Die Humanität darf nicht in Sentimentalität ausarten; es kann auch die Humanität gegen die Verbrecher zur Inhumanität gegen die Opfer solcher Unholde werden. (S. 412.)

van Calker. Die kurzzeitige Freiheitsstrafe ist zweckmäßiger zu gestalten, etwa durch Verordnung, daß die Gefängnisstrafe bis zur Dauer von 6 Wochen in einer dem militärischen Mittelarrest entsprechenden Art und Weise, jedenfalls in Einzelhaft zu verbüßen ist.

Gegen gemeingefährliche Personen, die wegen Zurechnungsunfähigkeit freigesprochen oder wegen verminderter Zurechnungsfähigkeit zu einer milderen Strafe verurteilt wurden, ist die Überweisung an die Landespolizei zum Zwecke der Unterbringung in eine ausschließlich für solche Personen bestimmte Anstalt auszusprechen. (S. 249 ff.)

Haberda legt die bei Hinrichtungen stets vorkommenden Grausamkeiten dar und wünscht, daß in Zukunft „das Auftreten entsetzlichen Beiwerkes bei offiziellen Tötungen“ vermieden werde.

Heilbronner. Die geisteskranken, zum geordneten Strafvollzug nicht geeigneten Individuen sind aus den Gefangenanstalten auszuscheiden.

Durch Einträge in die Strafregister ist dafür Sorge zu tragen, daß Richter und Anstaltsbeamte wenigstens von solchen psychischen Störungen bei Angeklagten und Verurteilten Kenntnis erhalten, die forense Bedeutung gewonnen haben.

Von den wegen geistiger Krankheit als strafvollzugsunfähig Erklärten eignet sich ein Teil zur Entlassung unter gewissen Kautelen und Kontrolle, namentlich bezüglich der Wahl von Aufenthalt und Beschäftigung.

Die Absonderung und gemeinsame Unterbringung dieser Gefährlichen in besondere Abteilungen gibt zu den schwersten Bedenken Anlaß und ist deshalb zu verwerfen.

Die Schaffung besonderer Anstalten für alle Vorbestraften oder mit den Gesetzen in Konflikt gekommene Geisteskranken erweckt nicht gleich schwere Bedenken; sie erscheint aber unnötig.

Bei entsprechender Verteilung können die Irrenanstalten ihrer Aufgabe zur Aufnahme und Behandlung aller Geisteskranken — inklusive der gefährlichen Verbrecher — gerecht werden, ohne dadurch in ihrer Entwicklung und ihrer Aufgabe gehemmt zu werden. (S. 302/303.)

Heine. Bei der Vollstreckung der Freiheitsstrafen muß als erster Grundsatz gelten, daß niemand dadurch schlechter gemacht werden darf als er ist. Namentlich bedürfen die Gefängisse für Jugendliche und zum erstenmal Bestrafte besonderer Organisation. Der Gedanke, bei kurzen Freiheitsstrafen eine Form der Vollstreckung einzuführen, die der Strafe den Charakter einer Disziplinarmaßregel gibt (z. B. Einzelhaft) ist — wenigstens für Jugendliche — nicht ganz von der Hand zu weisen. (S. 33.)

Kahl 2. Die Einzelhaft ist die einzige rationelle und wirksame Vollzugform der Freiheitsstrafe überhaupt. (S. 108 f.)

Kallina. Der Absatz 1 des § 22 RStGB. muß aufgehoben werden, oder er ist derart auszulegen und zu handhaben, daß dem Ermessen der Strafvollzugsbehörde freie Bahn geöffnet wird.

Köhler. Arbeitszwang ist in beiden Abteilungen durchzuführen. Progressiver Strafvollzug mit der Möglichkeit der Zurückversetzung als Disziplinarstrafe ist bei Zuchthaus und Gefängnis in beiden Abteilungen geeignet, Einzelhaft ist zu unterbrechen, wenn von amtsärztlicher Seite erklärt wird, es bestehe Gefahr körperlichen oder geistigen Schadens. Einzelhaft bereits für das Untersuchungsgefängnis. (S. 20 f.)

Leuss. Die Gefängniskost muß mehr Fettbestandteile enthalten. Die Verpflegung in den Gefängnissen liefert auf die Dauer entkräftete, zu schwerer Arbeit unfähige, kranke Menschen, hat also den Erfolg, auch körperlich Leute, die man zum Kampf ums Dasein unter besonders schwierigen Verhältnissen ausrüsten sollte, außerstand zu setzen, diesen Kampf auch nur unter normalen Verhältnissen zu bestehen. Und dann wundert man sich über den Rückfall!

Die Arbeit im Gefängnis ist so zu organisieren, daß die Mängel der Zweckmäßigkeit, der Wirtschaftlichkeit, des erzieherischen Wertes beseitigt werden, Mängel, die die Arbeit nur schädlich machen und zur Arbeitsscheu präparieren. (S. 101.)

v. Liszt 2. Der Strafvollzug ist unbedingt progressiv zu gestalten. Er beginnt mit der Einzelhaft, führt zur gemeinsamen Tagesarbeit mit nächtlicher Trennung. (S. 291 f.)

Lohsing 2. Die Gefangenen sollen mit Übertragung von Büchern usw. in die Braillesche Blindenschrift beschäftigt werden.

Medem. Folgende Ergänzung des RStGB. ist zu empfehlen: § 16a: Wo in dem Gesetze Gefängnis oder Haft angedroht ist, kann in schwereren Fällen auch verschärfte Strafhaft verhängt werden. Haftschärfungen sind: Einzelhaft, Kostschmälerung, hartes Lager, Dunkelzelle. Dieselben können einzeln oder auch vereinigt verhängt werden.

Wird von dem Gefängnisarzte bescheinigt, daß die verhängte Haftschärfung der Gesundheit des Gefangenen Nachteile bringen würde, so ist die verhängte Strafe zu ändern, nach Maßgabe des § 494 StPO. Das gleiche gilt, wenn es sich um eine Teilung der verhängten Strafe handelt. (S. 4.)

Die vorgeschlagene Bestimmung schließt sich an die §§ 17, 19, 21, 24—27 RMStGB. an. Mit der Verhängung von Haftschärfungen muß natürlich eine Verkürzung der Haftzeit Hand in Hand gehen; vgl. § 63 PrMStGB. v. 3. April 1845. (S. 9.)

Ostwald. Es ist hart und verkehrt, wegen Arbeitslosigkeit zu bestrafen; vielmehr muß man die Folge der Arbeitslosigkeit, das unfreiwillige Wandern, durch Fürsorge, vor allen Dingen durch Vorbeugungsmaßregeln bekämpfen. (S. 260, 262.)

v. Pannwitz. Aus der Statistik erhellt, daß unsere gesamte heutige Strafrechtspflege fast ausschließlich auf der kurzzeitigen Freiheitsstrafe beruht. Von einigen Tagen oder Wochen Haft kann aber kein vernünftiger Mensch eine bessernde Wirkung erwarten. Um die kurzzeitigen Freiheitsstrafen irgend abschreckend zu gestalten, bedarf es einer ganz anderen Einrichtung unserer Gefängnisse und besonders der kleinen Gefängnisse, und in erster Linie einer strengen und konsequenten Durchführung des Arbeitszwanges. Das Nächstliegende würde darum sein, mit Rücksicht auf die Ansteckung der jungen Sträflinge durch die alten, auf die Beseitigung aller kleinen Gefängnisse, wenigstens als Strafgefängnisse, mit allen gesetzlich zulässigen Mitteln zu dringen.

Seuffert 1. Wendet sich gegen die gesetzliche Festlegung von Einzelhaft hinsichtlich des Strafvollzuges, die der jetzigen guten Entwickelung hemmend in den Weg treten würde. Einzelhaft muß die Grundstrafe werden für die Arbeitshaus-Gefangenen, und für solche, welche gesundheitlich nicht in Einsamkeit gehalten werden dürfen, ist nur die Schlafzelle in Anwendung zu bringen, dagegen ist die Wohn- und Arbeitszelle mindestens für den ersten und größeren Teil der Strafe als der regelmäßige Vollzugsort für den Gefangenen und Haftgefangenen in Aussicht zu nehmen. Er tritt für das irische oder Progressivsystem ein. Zuverlässige Sträflinge sind vor der vorläufigen Entlassung zur unbeaufsichtigten Arbeit auf Tageszeit oder auch auf eine Arbeitswoche aus dem Gefängnis fortzuschicken. Zu landwirtschaftlicher Kulturarbeit können Zuchthausgefangene verwendet werden, wenn sie mindestens ein Jahr ihrer Strafe verbüßt und sich gut geführt haben, und der Strafrest nicht mehr als ein, höchstens zwei Jahr beträgt. Gefängnisgefangene mit ihrer Zustimmung (StGB. § 16,3) wenn sie sechs, ausnahmsweise drei Monate verbüßt und sich gut geführt haben und die Strafe nicht mehr als zwei Jahre beträgt. Um eine Schädigung der freien Arbeit zu verhüten, darf diese Verwendung von Gefangenen nur stattfinden, wenn sonst die Arbeit wegen Mangels freier Arbeiter oder Unrentabilität bei höherem Lohne unterbleiben müßte. (S. 59 ff.)

Seyfarth. „Ich halte den Gnadenakt, die Todesstrafe in lebenslängliche Zuchthausstrafe umzuwandeln, für durchaus verfehlt.“

Zu befürworten ist ein progressives Strafensystem — ähnlich dem irischen —, das den Gefangenen allmählich wieder zur Freiheit und Selbständigkeit erzieht. (S. 87.)

Sichart 1. Die Gefängnisstrafe kann verschärft werden bei hohem Grade von Gefühllosigkeit und Rohheit, sowie gegen Bettler und Vagabunden bei nachgewiesener Arbeitsscheu durch Richterspruch, und zwar durch Beschränkung der Kost auf Wasser und Brot an jedem dritten Tage oder durch Anweisung der Lagerstätte auf bloßen Brettern, ebenfalls nur an jedem dritten Tage. Beide Verschärfungen können miteinander oder abwechslungsweise ganz oder für einen Teil der Strafzeit angewendet werden.

Einzelhaft ist ausgeschlossen, wenn von dieser eine Gefahr für den körperlichen oder geistigen Zustand zu besorgen ist. Zuchthaus- und Festungsstrafe wird regelmäßig nicht in Einzelhaft vollzogen. Dagegen soll diese Strafe zur Anwendung kommen bei Eigentums- oder Sittlichkeitsverbrechen; bei anderen nur, wenn das Betragen oder die besonderen Eigenschaften des Verurteilten seine Isolierung als notwendig oder ratsam erscheinen lassen. Denn heilbare Verbrecher soll man gegen andere isolieren; inkorrigible aber können — wie unheilbare Kranke — Kollektivbehandlung erfahren. (S. 154 ff.)

Stade. Wegen der vergiftenden Schädigungen, welche die gemeinsame Haft erzeugt, ist ein humanes und wohldurchdachtes Isoliersystem einzuführen. (S. 39.)

Wach 3. Die kurzzeitigen Freiheitsstrafen sind einzuschränken und größere Differenzierung als Analogon der militärischen Arreststrafe notwendig; es muß ihnen die Energie innewohnen wie sie dem mittleren oder strengen militärischen Arrest zukommt, besonders gilt das für Brutalitätsverbrechen. Die korrektionelle Nachhaft ist in Freiheitsstrafe umzuwandeln und in ausgiebigem Maße zu verwenden.

Wetzker. Soweit man das Gefängnis noch nicht entbehren kann, ist eine weitgehende Individualisierung und Humanisierung des Strafvollzugs zu fordern; für die Entlassenen aber eine gesetzlich geregelte Fürsorge durch Arbeitsgewährung, bis sie allmählich wieder in die Lage kommen, für sich selbst zu sorgen. (S. 527.)

Wolf. Wer ein Recht auf (kurze) Einzelhaft hat, soll nicht den Gefahren, welche die Gemeinschaftshaft mit sich bringt, ausgesetzt werden. Die Arbeitslosigkeit in den Gefängnissen ist eines der größten Übel. (S. 34.) Der Arbeitsverdienst des Sträflings hat zur Deckung der von ihm dem Staate verursachten Kosten des Strafvollzuges zu dienen, der diesen Betrag übersteigende Verdienst ist und bleibt jedoch Eigentum des Sträflings. (S. 14 ff.)

Zentrumspartei. Der Reichstag wolle beschließen: Den Herrn Reichskanzler zu ersuchen, alljährlich mit dem Reichshaushalt eingehende statistische Mitteilungen über die Beschäftigung der Sträflinge vorzulegen, aus welchen: 1. die Beschäftigung für den eigenen Bedarf der Anstalt, 2. die Beschäftigung für Herstellung von Waren zum Verkaufe auf eigene Rechnung, 3. die Beschäftigung gegen Lohn für dritte, und zwar: a) sowohl auf gewerblichem Gebiete unter Bezeichnung der Industriegruppen, als auch b) in der Landwirtschaft, 4. der tägliche Durchschnittsverdienst der Sträflinge, 5. der Gesamtwert der von ihnen hergestellten Produkte zahlenmäßig ersichtlich ist.

§ 5.

Die Geldstrafe.

Aschaffenburg 1. Die Geldstrafen sind in ihrer heutigen Form völlig unbrauchbar, vor allem, weil sie sich nicht genügend den Vermögensverhältnissen des Bestraften anpassen. Durchaus zu verwerfen ist auch die Umwandlung nichteintreibbarer Geldstrafen in Freiheitsstrafen sowie die Möglichkeit, sich durch Zahlung von der substituierten Freiheitsstrafe zu befreien. Damit wird die Geldstrafe zu einer Klassenstrafe, da der Besitzende die Bezahlung der Strafe natürlich der Haft vorziehen wird, während dem Armen nichts anderes übrig bleibt, als die substituierte Freiheitsstrafe abzusitzen. (S. 216.)

Auer 1. Ob eine quotenweise Geldstrafe nach Maßgabe der Steuerstufen oder ähnliche Normen aufgestellt werden sollen, ist sehr zu bedenken, weil alsdann große Ungleichheiten eintreten, auch die öffentliche Meinung sich stets nur an die bekannt gewordene Summe halten wird, ohne die Vermögensverhältnisse in Rechnung zu ziehen. Ein Mittelweg ist vielleicht mit Köhler darin zu finden, daß man bei leichten Delikten die fixierte, bei schweren die quotenweise Geldstrafe verwendet.

Der jetzige Zustand der Umwandlung in Freiheitsstrafe bei Uneintreibbarkeit ist empörend für das soziale Empfinden und erinnert an die Schuldhaft. Der Vorschlag des Abverdienenlassens ist praktisch undurchführbar und im Grunde genommen ebenso ungerecht wie der bisherige Zustand. (S. 25/26.)

Auslanddeutscher. Der Hauptersatz für die kurzzeitige Freiheitsstrafe ist die Geldstrafe. Diese muß den Verhältnissen des Schuldigen angemessen bemessen werden, und ratenweise Zahlung darf vom Richter gestattet werden. Von renitenten Verbrechern, die die Strafe lieber absitzen wollen, ist die Geldstrafe beizutreiben durch Strafarbeit ohne Einsperrung (S. 253ff.)

v. **Bar.** Der Gedanke, die Geldstrafe dem Vermögen oder der Leistungsfähigkeit der Täter proportional zu gestalten, ist nur bedingt richtig. Auch für einen Reichen bedeutet eine geringe Geldstrafe immerhin eine Strafe. Auch wäre für Übertretungsfälle das Ermittelungsverfahren, das der Festsetzung vorangehen müßte, viel zu umständlich. Weiter würde eine große Ungerechtigkeit bei den häufigen Fällen der Verantwortlichkeit für Angestellte (z. B. Hausverwalter) entstehen. Aber auch bei schwereren Fällen muß man sich vor teilweisen Vermögenskonfiskationen hüten, sowie davor, der Handhabung der Justiz einen fiskalischen Anstrich zu verleihen. Jede strengere Proportionalität führt zu Ungerechtigkeiten. Es wird also genügen, die Maximalsätze des geltenden Rechts bedeutend zu erhöhen und ganz allgemein auf die Berücksichtigung der Vermögensverhältnisse bei Bemessung der Strafe hinzuweisen.

Ratenweise Abzahlung und Stundung erkannter Geldstrafen soll gestattet werden. Grundsätzlich aber muß eine Freiheitsstrafe substituiert werden. Zwang zum Abverdienen ist eine harte Freiheitsstrafe, freiwilliges Abverdienen praktisch schwer durchführbar. Allzugroße Milde in der Vollstreckung andrerseits macht die Strafe illusorisch und schafft nur Vermögenslosen einen Vorteil. Bei der Vollstreckung substituierter Freiheitsstrafen sind die Verurteilten von verdorbenen Subjekten zu trennen.

§ 30 StGB. ist trotz aller Angriffe beizubehalten. Der Verurteilte würde sonst die Zahlung möglichst lange hinauszuschieben suchen, andrerseits der einmal dadurch benachteiligte Fiskus regelmäßig erbarmungslos schleunigst beizutreiben suchen. Schließlich bereichern sich auch ev. die Erben direkt aus dem Delikt, z. B. bei Steuerhinterziehungen. (S. 9ff.)

Berolzheimer 1. Die Maximalgrenzen der Geldstrafe sind zu erhöhen. Bei sämtlichen Verbrechen und Vergehen aus gewinnsüchtiger Absicht ist eine Geldstrafe kumulativ neben der Freiheitsstrafe aufzunehmen; schon im allgemeinen Teil ist dem Richter die Strafverhängung bis 50000 M. (Verbrechen) bezw. 20000 M. (Vergehen) zu gestatten und dann einzelne Delikte auszunehmen. Im übrigen ist die Höhe den Verhältnissen des Schuldigen anzupassen. (S. 467/468). Die Strafe der Konfiskation ist abzulehnen. (S. 469.) Bezügl. der Konfiskation empfiehlt sich Anlehnung an Art. 22 des Italien. StG. von 1889 und Art. 27 Abs. II und III des Entw. eines Schweiz. StGB. (S. 471.)

Birkmeyer 2. Vom Standpunkt der Vergeltungstheorie aus hat die Geldstrafe viel gegen sich; denn ihr fehlt die Eigenschaft, ein zur Vergeltung geeignetes empfindliches Übel zu sein. Aber auch leichteren Verbrechen gegenüber fehlt es ihr an der erforderlichen Personalität und nach dem geltenden Recht an der nötigen Gleichmäßigkeit, da sie ohne Rücksicht auf die Vermögensverhältnisse des Täters nach ein für allemal gesetzlich fixierten Beträgen angedroht wird. Auch vom Standpunkt der gerechten Vergeltung aus empfiehlt sich daher die schon häufig und meistens insbesondere von der Internationalen Kriminalistischen Vereinigung befürwortete Reform der Geldstrafe. (S. 1138.)

Bovensiepen. Die Geldstrafe ist an sich gut, bedarf aber eines gründlichen Ausbaues. So wie sie heute gehandhabt werden kann, bedeutet sie bei aller Wahrung der formellen Gleichheit vor dem Gesetz materiell eine schreiende, die arbeitenden Schichten unserer Bevölkerung erbitternde, ja aufreizende materielle Rechtsungleichheit zwischen reich und arm. Soll wirklich die Geldstrafe auf den vornehmen und reichen Gesetzesverächter abschreckend einwirken, so muß sie verhältnismäßig nach der Höhe seines Einkommens abgestuft werden. Man vermeide im neuen Strafgesetzbuch jedes Strafmaximum — der Höchstbetrag von 6000 M. ist heute viel zu gering — und bestimme einfach, die Geldstrafe kann — über die Höhe des Prozentsatzes läßt sich ja streiten — bis zu 20 Prozent des Vermögens oder falls es an einem solchen fehlt, des Einkommens betragen. Und dem Armen, der nicht zahlen kann, ermögliche man es, und wenn er nicht freiwillig sich dazu bereit findet, zwinge man ihn dazu, seine Geldstrafe durch persönliche Arbeitsleistung in staatlichen oder gemeindlichen Betrieben abzuverdienen. Bei geringen Geldstrafen gestatte man auch dem Manne gesetzlich, seine Strafe ratenweise je nach Fälligkeit seines Lohnes abzutragen.

v. Bülow. Die Geldstrafe ist beizubehalten, aber mit Rücksicht darauf, daß der Rahmen reichen Leuten gegenüber zu eng bemessen ist, zu reformieren. (S. 412.)

van Calker. Die Geldstrafe wird zu ausgiebiger Verwendung zu bringen sein und zwar als Hauptstrafe bei solchen Fällen, in welchen ein geringer Erfolg und eine geringe Intensität der verbrecherischen Gesinnung gegeben, als Nebenstrafe aber dann, wenn eine gewinnsüchtige Absicht der betreffenden Tat zu Grunde lag. Für die Bemessung der Geldstrafe bleiben die Gesichtspunkte maßgebend, welche in den früheren Beschlüssen des Deutschen Juristentages eingehend formuliert worden sind. (S. 254.)

Finger. Die Geldstrafe ist, insbesondere wider strafbare Handlungen, die aus Gewinnsucht entspringen, ein sehr wirksames Strafmittel. Ihre Ausgestaltung im geltenden Recht leidet hauptsächlich an dem Mangel der hinreichenden Anpassung an die Vermögensverhältnisse des Täters. Soll sie gegen Arm und Reich gleich wirken, so müßte der Strafrahmen nach oben wesentlich erweitert werden.

Die Zahlung der Geldstrafen sollte erleichtert werden durch Zulassung von Teilzahlungen. (S. 476.)

Heine. Die Freiheitsstrafe ist vielfach durch Geldstrafe zu ersetzen und diese nach Verhältnis des Vermögens und Einkommens des Angeklagten zu bemessen. Die Zahlung der Geldstrafen in Raten, die eine gewisse Quote des Einkommens betragen, ist zu gestatten und durch Zulassung von Einkommenspfändungen zu sichern, dagegen ist die Verhängung von Freiheitsstrafen für den Fall der Zahlungsunfähigkeit zu beseitigen. (S. 33.)

Kahl 2. Die Geldstrafe bedarf gründlicher Reform. Sie darf sich nicht zwischen festen Minimal- und Maximalsätzen bewegen, sondern muß, um auch die vornehme und reiche Verbrecherwelt zu treffen, prozentual aufgelegt werden. Ohne bis zur Vermögenskonfiskation fortzuschreiten, darf sie nötigenfalls bis zur Grenze einer empfindlichen Einschränkung der Lebenshaltung gehen. Reformbedürftig ist auch die Ersatzstrafe für den Fall der Uneinbringlichkeit der Geldstrafe; der gegenwärtige Zustand benachteiligt den Armen. An Stelle einer Freiheitsstrafe hätte die persönliche Arbeitsleistung für Staat oder Gesellschaft, für öffentliche gemeinnützige Zwecke, Kulturen usw. zu treten. Die Verwertung der persönlichen Arbeitskraft außerhalb Zuchthaus und Gefängnis ist gegenwärtig eine minimale und zu geringe, obwohl ihr gerade eine eminente soziale und ethische Bedeutung zukommt. (S. 106/107.)

Köhler. Obwohl die Geldstrafe gleichmäßige Unlustgefühle wecken soll, wäre eine Abstufung im Verhältnis zum Vermögen oder Einkommen unbillig, weil bei leichteren Delikten die Strafe mehr den Charakter eines Äquivalents für die Größe der begangenen Ordnungswidrigkeit haben soll, die bei derartigen Delikten zumeist mit Rücksicht auf Gesinnung und Erfolg den Charakter einer objektiv bestimmten Größe annehmen wird. Aber auch bei den schwereren Delikten kann der Umstand nicht außer Betracht bleiben, daß das Geld ein objektiver Wertmesser ist, der nicht je nach der Person des Besitzers zum Chamäleon wird. Hieraus ergibt sich, daß bei den kleinen Delikten die Geldstrafe mehr den Charakter einer allgemein gültigen Taxe annehmen wird, während sie bei den schweren mehr den Vermögensverhältnissen anzupassen ist. So mag die Geldstrafe bei Übertretungen etwa bis höchstens zum zweifachen, bei Vergehen bis zum dreifachen, bei Verbrechen bis zum vierfachen des Simplums steigen; die Erhöhung soll das Gericht aussprechen, wenn anzunehmen ist, daß der von der festgesetzten Strafe durchschnittlich zu erwartende Erfolg beim Täter wegen seiner Vermögensverhältnisse nicht erreicht werden wird. Entsprechend ist eine Herabsetzung unter das Simplum zulässig. An Stelle nicht eintreibbarer Geldstrafe tritt Freiheitsstrafe.

Geldstrafe ist als Hauptstrafe zu verwenden für Delikte, bei denen nicht die Beschaffenheit der Vermögensverhältnisse (Bettler, Landstreicher) oder die schärfer zu beeinflussende Willensrichtung (Sittlichkeitsverbrecher) eine Freiheitsstrafe erfordert. Dagegen kann sie eine viel weitergehende Bedeutung als bisher als Nebenstrafe neben einer Freiheitsstrafe für die Mehrzahl aller Delikte erhalten. (S. 29 f.)

Kohler 2. § 30 RStGB. enthält einen schweren Fehler. Denn auch die Geldstrafe ist eine Strafe, sie soll dem Verurteilten ein Übel zufügen. Vor der Einziehung besteht nur das publizistische Verhältnis, daß der Staat berechtigt bezw. verpflichtet ist zu strafen. (S. 179.) Daher ist Geldstrafe gegen Geisteskranke nicht zu erkennen. Wer sich oder einen anderen der Geldstrafe entzieht, begeht keinen Betrug. (S. 180.)

v. Liszt 1. Die Geldstrafe hat im StGB. weder eine ausreichende noch eine zeitgemäße Anwendung gefunden. (S. 264.)

Erweiterung der Geldstrafe verspricht Erfolg, wenn sie den Vermögensverhältnissen der Verurteilten angepaßt und Umwandlung in Freiheitsstrafe möglichst ausgeschlossen ist. (S. 77.)

Derselbe 2. Die Geldstrafe ist den früheren Beschlüssen des Deutschen Juristentages gemäß umzugestalten. (S. 302.) Das gilt insbesondere von der Bemessung der Geldstrafe im Einzelfalle nach den Einkommensverhältnissen des Verurteilten sowie von dem Abverdienen uneinbringlicher Geldstrafen durch Zwangsarbeit ohne Einsperrung. (S. 291.)

Medem. Es empfehlen sich folgende Gesetzesveränderungen:

„StGB. §. 27a. Wo in den Gesetzen Gefängnis oder Haft oder Festung angedroht ist, kann in leichteren Fällen auf Geldstrafe erkannt werden.

Wenn in den Gesetzen nicht etwas anderes bestimmt ist, soll für die Geldstrafe bei Verbrechen und Vergehen Ein Tageseinkommen des Angeklagten, bei Übertretungen Eine Mark als Einsatzstrafe gelten. Das Tageseinkommen des Angeklagten ist vor der Hauptverhandlung zu ermitteln, jedenfalls durch eine amtliche Auskunft über die Steuereinschätzung des Angeklagten.

StGB. § 29 Abs. 1 wird aufgehoben.

StGB. § 30: In einen Nachlaß kann eine Strafe nicht vollstreckt werden.

Der Nachlaß haftet für Kosten, Einziehungen und Bußen, wenn gegen den Verstorbenen eine dahingehende rechtskräftige Verurteilung ergangen war.

StPO. § 495: Die Vollstreckung von Geldstrafen, Kosten, Einziehungen und Bußen erfolgt nach den Vorschriften der ZPO. durch die Vollstreckungsbehörden des § 483 StPO.

StPO. § 483 Abs. 1: Über Anträge, Einwendungen und Erinnerungen, welche die Art und Weise der Vollstreckung oder das dabei zu beobachtende Verfahren sowie die Teilung der Strafe betreffen, entscheidet die Vollstreckungsbehörde.

Abs. 3: Ist eine Geldstrafe nicht beizutreiben, so ist die an ihre Stelle tretende Freiheitsstrafe nach Vorschrift des § 494 StPO. festzusetzen. (S. 4/5.)

Die Einschiebung des § 27a empfiehlt sich, weil die Empfindlichkeit einer Geldstrafe lediglich von ihrem Verhältnis zu dem Vermögen des Angeklagten abhängt. Bei Übertretungsgeldstrafen kommt es weniger auf die Verurteilung zu einer fühlbaren Geldstrafe, als auf den Schuldspruch überhaupt an. (S. 14.)

Die Änderung des § 30 StGB. ergibt sich aus dem Gegensatz von Geldstrafe mit den im Absatz 2 des vorgeschlagenen § bezeichneten staatlichen Ansprüchen. (S. 17.)

Paulus. Die lebenslängliche Freiheitsstrafe rechtfertigt sich aus dem Gesichtspunkt der Sicherung der Allgemeinheit durch Absperrung der schweren Verbrecher gegen die Außenwelt; die langzeitige Freiheitsstrafe — darunter wird eine solche von mindestens 6 Monaten verstanden — ist als Mittel der Erziehung nicht wohl zu entbehren; sie soll den Übeltäter bessern und wieder zu einem brauchbaren Mitgliede der menschlichen Gesellschaft machen.

Bei der kurzzeitigen Freiheitsstrafe ist dagegen weder der eine noch der andere dieser Zwecke maßgebend, sie kann vornehmlich nur als Strafübel für den Schuldigen selbst und als Abschreckungsmittel bezw. als ein die Straftat vergeltender Akt der Gerechtigkeit in Frage kommen. Ein wirkliches Übel ist nach dem Obengesagten eine Gefängnisstrafe von einigen Tagen, Wochen oder Monaten regelmäßig nicht für den Verurteilten; der Richter hat nach der gegenwärtigen Rechtslage keine Möglichkeit, die Intensität der Strafe durch geeignete Strafschärfungsmittel zu erhöhen; zur erziehlichen Einwirkung ist die Zeit zu kurz; als Abschreckungsmittel ist die kurzzeitige Freiheitsstrafe ungeeignet; als Vergeltungsakt ist aber die Geldstrafe mindestens ebenso wertvoll als die Freiheitsstrafe. Also: Ersatz kurzzeitiger Gefängnisstrafen durch Geldstrafen!

Petersen. Die Frage nach der Erhöhung der Geldstrafe ist vielleicht die einzige aus dem Gebiet der Frage der Strafmitteländerung, welche aus den anderen Fragen herausgehoben werden kann und zurzeit schon spruchreif ist. (S. 267.)

Popper. Man wird immer ganz umsonst versuchen, Größenbestimmungen von Geldstrafen mit moralischen oder rechtlichen Größenbestimmungen von Verbrechen in eine feste Beziehung zu bringen. (S. 172.) Es gibt überhaupt keine Art, den Verbrecher proportional zu strafen. Deshalb befolge man nur die Methode, sich vor dem Verbrecher zu schützen; dieser Schutz selbst sei aber so ausgibig als möglich. (S. 175.)

Rheinisch-Westfälische Gefängnisgesellschaft. Folgende Leitsätze wurden angenommen: 1. Bei den bloßen Polizeidelikten ist regelmäßig nur Geldstrafe als Prinzipalstrafe anzudrohen. 2. Bei den übrigen Strafsachen ist sie stets als fakultative Nebenstrafe zuzulassen, in geeigneten Fällen ist sie zugleich alternativ anzudrohen. 3. Die Geldstrafe ist nach den Einkommens- und Erwerbsverhältnissen der Verurteilten zu bemessen. 4. Die Beitreibung der Geldstrafen ist durch Fristen, Ratenzahlungen, als auch Lohnbeschlagnahme, Arbeitszwang und andere Maßnahmen möglichst zu erleichtern. Der Berichterstatter (Rosenfeld-Münster) hatte noch die Annahme folgender Leitsätze beantragt: 5 a. Uneinbringliche Geldstrafen sind in Freiheitsstrafen nicht umzuwandeln. 5 b. Dagegen soll ein Zwang zum Abverdienen gegen Arbeitsfähige statthaft sein.

Schlünkes. Vermögensstrafen, sind bei Übertretungen, fahrlässigen und solchen Vergehen, denen keine unehrenhafte Gesinnung zugrunde liegt, zu rechtfertigen. Der in diesen enthaltene Verstoß gegen das Gesetz der Liebe kann dadurch gesühnt werden, daß ein angemessener Beitrag für die Bedürfnisse des Staats zur Übung der Nächstenliebe eingezogen wird, wobei nicht nur die Schwere des Verbrechens, sondern auch die Vermögenslage des Täters zu berechnen ist. Bei schweren Verbrechen sollte stets ein aliquoter Teil des Vermögens für Staatszwecke eingezogen werden, da der Täter ja gezeigt hat, daß er sein Vermögen nicht gemäß dem Gesetz der Liebe verwendet. (S. 38/39.)

Schmölder. Der Geldstrafe gebührt die ausschließliche Herrschaft bei den geringfügigsten Straftaten. Außerdem ist sie neben der Freiheitsstrafe anzudrohen, und zwar wahlweise bei den mittleren, häufungsweise bei den mittleren und schweren Straftaten, hier jedoch in der Beschränkung auf Rechtsbrecher, deren Einnahmen ganz oder überwiegend aus Kapitalbesitz fließen. (S. 11.) Die Geldstrafe ist zunächst gegen alle Rechtsbrecher gleichmäßig und ausschließlich nach der Schwere der Straftat innerhalb der einzelnen Strafrahmen zu bemessen. Bei dem so gefundenen Strafmaß verbleibt es, es sei denn, daß der Richter zu der Annahme gelangt, der Rechtsbrecher rage wirtschaftlich über die breiten Massen hinaus, worauf der Richter an dem bereits gefundenen und stets im Urteil zum Ausdruck zu bringenden ersten Strafmaß eine Erhöhung vornimmt. Ob der Verurteilte sich in einer derartigen wirtschaftlichen Lage befindet, entscheidet der Richter nach freiem Ermessen, wobei ihm ev. instruktionelle Grenzen — z. B. ein Einkommen von 3000 M. — zu setzen sind. Für Übertretungen verbleibt es bei einheitlichen Maximalsätzen. (S. 16/17). Ratenzahlungen und Heruntergehen unter die eigentlichen Strafrahmen sind zu gestatten. Politische Rechte ruhen bis zur Bezahlung, wodurch eine Umwandlung oder ein Abverdienen unnötig wird. (S. 19/22.) Ist eine Geldstrafe nicht ohne Verschulden des Verurteilten unvollstreckbar, so tritt bei neuer Straftat stets Freiheitsstrafe ein. (S. 25.) Von allen zivilistischen Anklängen, wie z. B. Vererblichkeit, ist die Geldstrafe zu befreien. (S. 11.)

Seuffert 1. Die Geldstrafe, an sich ein vorzügliches Strafmittel, ist grundsätzlich zu reformieren. Die Gerichte müssen in die Lage gesetzt werden, bei der Geldstrafe die Höhe des versteuerten Vermögens in Anschlag zu bringen, insbesondere bei Rückfälligkeit. Für diese empfehlen sich auch bei Übertretungen schwere Strafen.

Das Surrogat der Geldstrafe in Gestalt der Freiheitsstrafe ist schematisch und schablonenhaft. Es muß zunächst zum Abverdienen aufgefordert werden und erst bei Faulheit oder Widerspenstigkeit Freiheitsstrafe eintreten. Ebenso müßte bedingte Verurteilung oder Begnadigung ermöglicht werden. Im einzelnen empfehlen sich folgende Bestimmungen:

§ 1. Im Falle der Verurteilung zu einer Geldstrafe kann das Gericht für eine von ihm zwischen zwei und fünf Jahren zu bemessende Frist Zahlungsausstand gewähren.

§ 2. Kommt es wegen einer in der Ausstandsfrist begangenen Handlung zu einer neuen Verurteilung, so ist, sofern nicht Verjährung eingetreten, die Eintreibung der früher erkannten Geldstrafe anzuordnen.

Anderenfalls ist die Geldstrafe als erledigt zu erklären und abzuschreiben. (S. 75ff.)

Sichart 1. Es empfehlen sich folgende Gesetzesänderungen:

§ 27. An Stelle von Haft und von Gefängnis in der Dauer von einem Tage bis zu sechs Wochen soll regelmäßig auf Geldstrafe erkannt werden.

§ 28. Diese Regel (§ 27) findet jedoch keine Anwendung, sondern es ist auf die gesetzliche Freiheitsstrafe zu erkennen: 1. wenn der Angeschuldigte sich durch seine Tat verächtlich gemacht oder in der öffentlichen Meinung herabgewürdigt hat; 2. wenn es sich um eine Bestrafung auf Grund des (dermaligen) § 361 StGB. handelt; 3. wenn gemäß § 15 (des Gesetzesvorschlages) auf geschärftes Gefängnis zu erkennen ist; 4. wenn der Angeschuldigte innerhalb eines Jahres, von der neuen Verurteilung an zurückgerechnet, zweimal wegen der gleichen oder einer gleichartigen Verfehlung verurteilt worden ist; 5. wenn der Richter überzeugt ist, daß die Erkennung einer Geldstrafe ohne die beabsichtigte Wirkung bleiben werde; 6. wenn der Angeschuldigte zur Zeit der Verurteilung außer Stande ist, die seiner Verfehlung entsprechende Geldstrafe, sei es im ganzen, sei es in Fristen, zu bezahlen.

§ 29. Der Höchstbetrag der Geldstrafe ist für Verbrechen 210 M., für Übertretungen 126 M., der Mindestbetrag 3 M. für Verbrechen und 1 M. für Übertretungen. Eine Geldstrafe von 5 M. ist einer eintägigen Gefängnisstrafe, und eine Geldstrafe von 3 M. einer eintägigen Haftstrafe gleich zu achten. Eine richterlich erkannte Geldstrafe wird, wenn sie nicht beigetrieben werden kann, in Gefängnis bezw. Haft umgewandelt. Der Mindestbetrag der an Stelle einer Geldstrafe tretenden Freiheitsstrafe ist ein Tag.

§ 30 soll lauten wie bisher. (S. 169/170.)

Aus der Begründung: Der Ersatz der Freiheitsstrafe durch Geldstrafe empfiehlt sich — Erreichung des gleichen Zwecks vorausgesetzt —, weil durch die Geldstrafe unnötige Härten vermieden und das Ehrgefühl der Straffälligen geschont wird. Anders liegt die Sache nur in den Fällen des vorgeschlagenen § 28. (S. 171.)

Die Maximalgrenzen sind mit Rücksicht darauf berechnet, daß der überwiegende Teil aller Delinquenten vermögenslos ist, andererseits auf die Wohlhabenden und Gebildeten zumeist schon die Strafe als solche wirkt. Auch die Freiheit hat, wie das Geld, für Verschiedene verschiedenen Wert. Schließlich würden sich, besonders bei Übertretungen, erhebliche Ungerechtigkeiten zuungunsten der Reichen einstellen. Eine Ausnahme könnten nur die Fälle schnöden Eigennutzes oder niedriger Gewinnsucht bilden, für welche allein eine Ausnahme zu machen sich nicht empfiehlt. (S. 172—174.)

§ 29 sucht durch Ermittlung einer Werteinheit eine Wertgleichung zwischen den verschiedenen substituierbaren Strafen herzustellen, welche bislang fehlte; der Spielraum des jetzigen § 29 ist zu groß. (S. 174.)

Ein Surrogat ist nötig, und das beste die Freiheitsstrafe. Zwangsarbeit ohne Einsperren kann viel härter wirken als solche, insbesondere Hungern und Obdachlosigkeit zur Folge haben. (S. 176.)

Geld- und Freiheitsstrafen sollen nicht kumuliert werden, weil die Geldstrafe beim Armen in solchen Fällen ganz sicher nicht beitreibbar ist. (S. 176.)

Sieges. Die gegenwärtige Fassung des Gesetzes führt zu widersprechenden und unbefriedigenden Resultaten bezüglich der Frage der Zahlung der Geldstrafe durch Dritte. Es empfehlen sich folgende Bestimmungen: 1. Die öffentlichen Aufforderungen und Sammlungen zur Deckung der gegen den Täter einer strafbaren Handlung verhängten Geldstrafe sind als Vergehen zu bestrafen, im herabgesetzten Maßstabe der von dem Bedachten begangenen Handlung. 2. War die Zuwendung oder Erstattung einer Geldstrafsumme dem zu der Geldstrafe Verurteilten vor der Tat zugesagt, so sind die Zusage und ihre Erfüllung als Teilnahme zu bestrafen.

In beiden Fällen wäre sowohl das aus der Aufforderung oder Sammlung sich Ergebende, sowie in Fall 2 die zugewendete Summe oder deren Wert für der Staatskasse verfallen zu erklären.

Wach 3. Daß unsere Geldstrafe in ihrer Maximalbestimmung, in der Art der Surrogation im Falle der Inexigibilität reformbedürftig ist, steht fest.

Wachenfeld. Da man sich in der Anwendung kürzerer Freiheitsstrafen wird beschränken müssen, so wird die Geldstrafe an Bedeutung gewinnen. Vielleicht ist sie die Strafe der Zukunft, wie sie die Hauptstrafe schon einmal in der Vergangenheit zur Zeit der Volksrechte war. Sie muß dann aber wesentlich umgestaltet werden. Da sie, wie jede andere Strafe, den Täter empfindlich treffen soll, so muß sie seinen Verhältnissen angepaßt werden. Sehr beachtlich ist der Vorschlag, sie nach einer Quote der Einkommensteuer zu bemessen. Bei der einzelstaatlichen Verschiedenheit in der Berechnung der Einkommensteuer und der Nichtbesteuerung großer Massen müßte allerdings statt der tatsächlichen eine fingierte Steuer- oder Tageslohnquote als Einheitssatz angenommen werden. (S. 280.)

Wertheimer. Eine große Ungerechtigkeit, welche die überwiegende Geltung der Freiheitsstrafe in unserem Strafgesetzbuch zur Folge hat, dokumentiert sich darin, daß alle, die aus persönlicher Betätigung ihren Lebensunterhalt ziehen, ganz von selbst mit einer Freiheitsstrafe gleichzeitig auch eine empfindliche Geldstrafe erleiden. Es ist ein dringendes Gebot der Gerechtigkeit, hier eine Ausgleichung eintreten zu lassen. Diese ist dadurch zu ermöglichen, daß bei den geringfügigen Straftaten (Übertretungen, ausgenommen die Fälle des § 361 StGB.) die Geldstrafe als ausschließliches Strafmittel eingeführt wird; außerdem ist sie neben der Freiheitsstrafe anzudrohen, und zwar wahlweise bei gewissen mittleren Straftaten, häufungsweise bei dem anderen Teil der mittleren und der schweren Straftaten, im letzteren Falle jedoch in der Beschränkung auf Verbrecher, deren Einnahmen ganz oder überwiegend aus Kapital oder Grundvermögen fließen. Abgesehen von dem zu kleinen Anwendungsgebiete der Geldstrafe im geltenden Strafrechte erwächst ein Hindernis für ihre Durchführung daraus, daß nach § 495 StPO. die Geldstrafe nach den Vorschriften über die Vollstreckung der Urteile der Zivilgerichte zu vollziehen ist, d. h. also: die Geldstrafe ist nach Rechtskraft des Urteils sofort fällig. Diese Bestimmung ist bei einem vermögenden Verurteilten durchaus sachgemäß. Wie aber soll ein Verurteilter ohne Vermögen eine Geldstrafe zahlen? Über diesen die Regel bildenden Fall schweigt das Gesetz. Es empfiehlt sich folgende Regelung: Der unvermögende Verurteilte ist, eventuell im Wege der Zwangsvollstreckung, anzuhalten, sein Einkommen aus Arbeits-, Dienstlohn usw., soweit dieser nicht zur Bestreitung seines notdürftigen Unterhaltes und zur Erfüllung der ihm gesetzlich obliegenden Unterhaltungspflicht gegen Angehörige erforderlich ist, zur ratenweisen Begleichung der Geldstrafe zu verwenden. Damit wird der jetzigen Übung, die gegen Unvermögende erkannten Geldstrafen in Freiheitsstrafen umzuwandeln, der Boden entzogen und die Geldstrafe wird ihres odiösen Charakters, ein Privilegium der Reichen zu sein, entkleidet.

Ein weiterer Mangel der jetzigen Gestaltung der Geldstrafe liegt darin, daß infolge der niedrigen Maximalsätze bei den Strafandrohungen dem Richter nicht die Möglichkeit gegeben ist, bei der Zumessung der Strafe die Vermögensverhältnisse des Verurteilten genügend zu berücksichtigen. Deshalb hat man auch mit Recht behaupten können, daß die Geldstrafe für die Reichen ein ungeeignetes Strafmittel sei. Aus diesem Grunde ist die Geldstrafe nach dem Vermögen abzustufen. Am besten würde der Richter eine Auskunft der Steuerbehörde seinem Urteil zugrunde legen; natürlich müßte diese gesetzlich zur Erteilung einer solchen verpflichtet werden. Der Angeklagte hätte, falls er glaubt, daß Gründe vorliegen, die ein Abweichen von seinem Einkommen resp. seinen Vermögensverhältnissen bei der Strafzumessung gerechtfertigt erscheinen lassen, diese selbst geltend zu machen und seine Verteidigung von vornherein danach einzurichten. Natürlich darf aber die Geldstrafe nicht zu einer Vermögenskonfiskation führen.

Es ist unlogisch, eine Strafe, die nur gegen den Verurteilten sich richtet und nur diesem gegenüber Zweck hat, in den Nachlaß desselben zu vollstrecken; konsequenterweise müßte man eigentlich auch die Erben die Freiheitsstrafe absitzen lassen. Während § 74 StGB. bei dem Zusammentreffen mehrerer selbständiger Straftaten die Verhängung einer ermäßigten Gesamtfreiheitsstrafe anordnet, bestimmt § 78 StGB.: Auf Geldstrafen, welche wegen mehrerer strafbarer Handlungen verwirkt sind, ist ihrem vollen Betrag nach zu erkennen.

Man kann in diesen und ähnlichen Bestimmungen, wie es euphemistisch ausgedrückt worden ist, Anklänge an das Zivilrecht finden, es ist aber auch die Auffassung nicht abzuweisen, daß bei Formulierung dieser Sätze vorwiegend fiskalische Erwägungen mitgewirkt haben. Deshalb ist auch die Beseitigung dieser Bestimmungen zu verlangen.

Wulffen. Bereicherung an fremdem Gut soll mit Geldstrafe gesühnt werden können. Auch bei Hausfriedensbruch, Sachbeschädigung, Widerstand gegen die Staatsgewalt und Körperverletzung ist die Geldstrafe am Platze. Vor allem sollte sie in den gesetzlich zulässigen Fällen bei Übertretungen nur ganz ausnahmsweise der Haftstrafe weichen müssen. Bei ihrer Ausmessung ist zu berücksichtigen, daß schon Beträge von 20—30 M. den durchschnittlichen Wochenlohn in arbeitenden Kreisen ausmachen, der im Mittelstande durchaus nicht übermäßig steigt. Die Geldstrafe wird in einer eingehenden Ausgestaltung und Anpassung an die Vermögensverhältnisse des einzelnen die Hauptstrafe der Zukunft sein. (S. 110.)

§ 6.

Die Ehrenstrafen.

Aschaffenburg 1. Die Aberkennung der bürgerlichen Ehrenrechte ist für den Abschreckungszweck ebenso unwirksam, wie als Besserungsmittel. Gebotener ist es, hier das Recht, Vormund, auch innerhalb der eigenen Familie (cf. § 34 Ziff. 6 RStGB.), zu sein, dem Übeltäter zu nehmen. (S. 214.)

Auer 1. Sollte die Reform die Aberkennung der bürgerlichen Ehrenrechte, die wirtschaftlich und vernichtend auf den Verurteilten wirkt, beibehalten, so muß deutlich und gemeinverständlich zum Ausdruck kommen, daß es sich nicht um ein Absprechen der Menschenehre handelt, sondern um Ausschaltung einzelner Rechte, (S. 28.)

Es wäre als ein Schritt vorwärts zu begrüßen, wenn die Reform den Verweis auch gegen Erwachsene zuließe. Im Verweis steckt nichts geringeres, als die Zukunftsstrafe, die Strafe eines hochentwickelten Kulturvolkes, das keine Gefängnisse mehr kennt, eines Volkes, in dem der öffentlich verkündete Tadel erziehlicher wirken wird als alle die brutalen Strafmittel, mit denen wir heute noch gegen die unsozialen Elemente kämpfen müssen. (S. 27.)

v. Bar. Der Verweis ist nur für geringfügige Delikte unter der Voraussetzung beizubehalten, daß der Angeklagte sich schuldig bekannt hat, dann aber auch zuweilen gegen Erwachsene. Er ist sofort mit Eröffnung des Urteils zu erteilen. Soll er erst nach Ablauf der Rechtsmittelfrist erteilt werden, so wird er zur zwecklosen Formalität. (S. 30.)

Birkmeyer 1. Nie darf die Strafe den Charakter des Übels verlieren; deshalb verbietet sich die erweiterte Anwendung der Verweisstrafe. (S. 75.)

van Calker. Der Verweis ist als Strafmittel beizubehalten und in weiterem Umfange zur Anwendung zu bringen. In würdiger Form ausgesprochen, bringt er die Mißbilligung eines rechtswidrigen Verhaltens durch die Gemeinschaft anschaulicher zum Ausdruck, wird auch mehr als geringe Geldstrafe als Strafe empfunden. Gegenüber Erwachsenen ist er bei leichteren Vergehen wahlweise oder neben Geldstrafe anzuwenden, sowie stets dann, wenn die Aussetzung des Vollzugs der Freiheitsstrafe angeordnet wird. (S. 254.)

Kahl 2. Der Verweis für Jugendliche empfiehlt sich als ein vortrefflicher Ersatz für Freiheitsstrafen, einheitliche würdige

Gestaltung vorausgesetzt. Jugendliche sind so lange und so viel als möglich von den Gefängnismauern ferzuhalten. (S. 107.)

Kempner. Das gänzliche Fehlen einer Ehrenstrafe als Hauptstrafe für das Vergehen der Strafmündigen im RStGB. wird als eine klaffende Lücke empfunden. (S. 86.)

Köhler. Es kann dem Verweise als Haupt- und Nebenstrafe ein weites Anwendungsgebiet nicht eingeräumt werden. Eine Erweiterung über seine bisherige Verwendung ist möglich. Sein Gebiet sind dann geringfügige Delikte, wo von seiner Verwendung genügender Eindruck zu erwarten ist. (S. 32.)

v. Liszt 1. Unter die Forderungen der Kriminalpolitik rechnet auch der Ersatz der kurzzeitigen Freiheitsstrafe durch Ehrenhauptstrafen, insbesondere Verweis. (S. 75.)

Sichart 1. Bei der Aberkennung von bürgerlichen und politischen Rechten ist die Unfähigkeit auszudehnen auf die Ausübung der väterlichen Gewalt und bestimmter im Gesetz zu nennender Gewerbe. Sie ist auszusprechen bei Todes- und Zuchthausstrafe dauernd, bei Gefängnis und Festung einzeln oder insgesamt auf 1—5 Jahre, wenn sie ausdrücklich zugelassen ist, im Fall, daß die abzuurteilende Straftat selbst die Furcht des Mißbrauches dieser Rechte zum Nachteil öffentlicher oder privater Interessen begründet oder ihre Belassung die Wiederholung des abgeurteilten Verbrechens zu begünstigen droht. Rechtsminderungen dürfen in gewissen Fällen auch als Hauptstrafen verhängt werden. (S. 176.)

§ 7.

Polizeiaufsicht. Behandlung der Entlassenen.

Aschaffenburg 1. Die Polizeiaufsicht ist bei Gewohnheitsverbrechern nutzlos und andererseits doch geeignet, große Schäden anzurichten; das Beste ist deshalb, die §§ 38 und 39 RStGB. zu beseitigen. (S. 215.)

Um den Rückfällen vorzubeugen, muß vor allen Dingen den Entlassenen Arbeit verschafft werden und zwar muß das geschehen schon vor der Entlassung aus der Strafanstalt. (S. 108.)

van Calker. Die Aufsicht über Entlassene ist Mitgliedern der Fürsorgevereine zu übertragen, da dieser Versuch sich bisher bewährt hat. (S. 265.)

Eine andersartige Gestaltung der Polizeiaufsicht erscheint dringend notwendig, da es zweifellos vorkommt, daß ein arbeitswilliger Entlassener, überall von der Aufsicht der Polizeiorgane, verfolgt, den Makel des Verbrechens nicht mehr abschütteln zu können glaubt. (S. 265.)

Kahl 1. Die Stellung unter Polizeiaufsicht, wie sie gegenwärtig besteht, ist nicht nur nutzlos, sondern ein direktes Übel. Sie drückt ein Brandmal auf, welches den Betroffenen in der Mehrzahl der Fälle von der Wiedererlangung ehrlicher Arbeit abschneidet und ihn damit ins Verbrechen zurückstößt. (S. 226.)

Derselbe 2. Die Sorge für die Entlassenen ist eine komplementäre Pflicht der Gesellschaft; sie bildet den Hauptschutz gegen Rückfall. Ein arbeitswilliger, aber kalt und mißtrauisch von der Tür zurückgewiesener Entlassener fällt mit absoluter Gewißheit ins Verbrechen zurück. Gutes haben die Vereine für entlassene Sträflinge geleistet. Das ist weiter zu fördern und auszubilden. (S. 109.)

Die unentbehrliche Stellung unter Polizeiaufsicht muß, soweit möglich, als eine sekrete und diskrete Verwaltungsmaßregel gehandhabt werden. Andernfalls stigmatisiert sie den Entlassenen, schmälert ihm die Gelegenheit, Arbeit zu finden, und schafft in der Erwerbslosigkeit eine der wirksamsten Bedingungen des Rückfalls. (S. 107.)

Köhler. Zu fordern ist eine diskretere Handhabung der Polizeiaufsicht. Die Kontrolle ist auch anderen Personen — Vorständen von Vereinen für entlassene Sträflinge, Arbeitsämtern u. a. — zu übertragen, welchen periodisch Nachweis über die Beschäftigung zu liefern wäre; auch sollen sie zu amtlichen Erkundigungen über Aufenthalt und Beschäftigung ermächtigt werden. (S. 248.)

v. Liszt. Als Sicherungsmittel nach verbüßter Strafe dient die Polizeiaufsicht, für die aber, damit sie wohltätig wirke, die Verbindung mit einer geregelten Schutzfürsorge zu fordern ist. (S. 78 Anm. 8.)

Seuffert 1. Ungeschickte Handhabung der Polizeiaufsicht befördert den Rückfall. Wenn die Polizeibeamten im Interesse der öffentlichen Sicherheit die Strafentlassenen zu viel beobachten und behelligen, so erschweren sie ihr Fortkommen. (S. 68.)

Die Fürsorge für die Strafentlassenen ist Aufgabe der Gesellschaft, das StGB. hat nichts mit ihr zu tun. Weitere Entwicklung der Gefängnisgesellschaften, der Vereine für Arbeiterkolonien, der Fürsorgevereine und vieler anderer ist nötig; ihr sind vom Staate die Wege zu ebnen. (S. 68.)

Seyfarth. Ein Eingriff von Staat und Gesetzgebung zugunsten entlassener Gefangener ist wünschenswert und notwendig. Vorläufig muß private Fürsorge leisten, was möglich ist. Dies geschieht am besten durch Schaffung von Übergangsstationen, gut geleiteten kleinen Familienheimen für (6—10) Leute besserer Bildung, in denen man sie in jeder Weise in ihrem Bestreben zur Gewinnung einer neuen Existenz fördert. Der „Deutsche Hilfsverein für entlassene Gefangene“ hat bereits eine solche Station in Hamburg eingerichtet. (S. 26.)

Sichart 1. Auf Polizeiaufsicht soll neben Zuchthaus erkannt werden. Die Polizeiaufsicht gewährt nicht die wünschenswerte Sicherheit gegen gefährliche unverbesserliche Verbrecher, erweist sich aber andererseits als ein wesentliches Hindernis für das ehrliche Fortkommen der besserungsfähigen und -willigen Entlassenen. Deshalb soll und muß sie immer angewandt werden, wo sie im öffentlichen Interesse nicht entbehrt werden kann, nämlich gegen gefährliche und zugleich unverbesserliche Subjekte, nicht aber gegen nicht zu diesen gehörige Angeklagte, da dann der Straferfolg in Frage gestellt würde. Sollte die Revision des RStGB. richtige Grundsätze über Rückfallsbestrafung und richtige Behandlung sogenannter inkorrigibler Verbrecher aufstellen, so erscheint die Aufhebung der Polizeiaufsicht nicht nur ganz unbedenklich, sondern geradezu als eine unabweisbare Forderung kriminalpolitischer Klugheit. (S. 179.)

Stade. Jeder Strafentlassene, dem es nicht gelungen ist, einen neuen, ihn auskömmlich ernährenden Arbeitsplatz zu finden, sollte, sofern er es begehrt, von Staats- oder Gemeindemitteln in Stellung und Arbeit gebracht werden. (S. 121.)

Wilde. Die Gesellschaft schreibt sich das Recht zu, dem Individuum entsetzliche Strafen aufzuerlegen, aber sie besitzt auch das höchste Laster der Halbheit, weil es ihr nicht gelingt, das, was sie getan, durchzuführen. Hat der Betreffende seine Strafe abgebüßt, dann überläßt sie ihn sich selbst; sie läßt ihn just in dem Augenblicke fallen, wo ihre vornehmste Pflicht gegen ihn anfängt. Sie schämt sich tatsächlich ihrer eigenen Handlungen und meidet die Bestraften, wie Leute vor einem Gläubiger Reißaus nehmen, dem sie ihre Schulden nicht bezahlen können, oder vor einem, dem sie einen unersetzlichen, unwiderruflichen Schaden zugefügt haben. (S. 25.)

Zentralstelle für das Gefangenen-Fürsorgewesen der Provinz Brandenburg. In der Sitzung des Abgeordnetenhauses vom

15. März 1904 zitierte Abg. Schmidt-Warburg einige Sätze des früheren Ministers des Inneren v. Rheinbaben:

„Wir würden, glaube ich, sozial und ethisch außerordentlich nützen, wirken, . . . wenn wir ihnen“ (den Fürsorgevereinen) „die Mittel gäben, auch materiell die Entlassenen zu fördern, ihnen solange Brot und auch Geld zu gewähren, bis die Entlassenen Arbeitsstellen gefunden haben. Meine Herren, wir würden dabei finanziell ein glänzendes Geschäft machen: jeden Groschen, den wir für die präventive Tätigkeit ausgeben, ersparen wir in Mark nachher im Strafvollzuge.“ (S. 14.)

§ 8.

Einziehung und Unbrauchbarmachung.

Birkmeyer 1. Einziehung und Unbrauchbarmachung sollen als präventive Maßregeln neben der der Vergeltung dienenden Strafe bestehen. (S. 78.)

Sichart 1. Die Vorschriften über Einziehung bedürfen keiner Abänderung. (S. 181.)

§ 9.

Neue Strafarten. Arbeitszwang ohne Einsperrung. Verbot des Gewerbebetriebs. Hausarrest. Wirtshausverbot. Prügelstrafe. Deportation.

Anonym 2. Grundsätzlich ist Zweck der Strafe nicht Besserung, sondern Sühne für die Rechtsverletzung und Sicherung für den Rechtszustand. Abschreckend aber kann die Strafe nur wirken, wenn sie sich von dem Humanitätsdusel unserer Zeit nicht irremachen läßt. Es bedarf deshalb der Einführung nicht nur verschärfter Freiheitsstrafen, sondern auch der Prügelstrafe.

Aschaffenburg 1. Vorläufig wird die Verwendung in der Heimat, zur Kultivierung unfruchtbarer Moor- und Heidegegenden, vorteilhafter sein, als die Deportation. (S. 212/213.)

Es ist überraschend, daß ein so rohes Erziehungsmittel, wie die Prügelstrafe, noch immer Lobredner findet. Die Erfahrungen in der Armee haben gezeigt, wie entbehrlich die Prügelstrafe ist. Es geht sicher ohne solche entwürdigende Strafmethoden. (S. 213.)

Sehr viel wichtiger wäre, statt der Haft, die nur Kosten macht und der Wirksamkeit entbehrt, die Verpflichtung zu Gemeinde- und ähnlichen Arbeiten zu setzen (S. 126). Auch hinter dem „Abarbeiten“ steckt ein vernünftiger Gedanke; die Strafe ist wirksam und gut differenzierbar. (S. 217.)

Statt auf kurzzeitige Freiheitsstrafe zu erkennen, muß man den Verbrecher zwingen, den angerichteten Schaden durch seiner Hände Arbeit wieder zu ersetzen. Der Gewohnheitsverbrecher wird eine solche Strafe mehr fürchten als ein paar Tage Haft, dem Gelegenheitsverbrecher kann unbedenklich Strafaufschub gewährt werden mit der Verpflichtung zur Schadloshaltung in angemessener Zeit. (S. 224 ff.)

Auer 1. Der Vorschlag, die Prügelstrafe einzuführen, ist borniert und kulturfeindlich. Durch die körperliche Mißhandlung wird jedes Ehrgefühl, das auch der gemeinste Verbrecher noch haben kann, unwiderruflich hinausgeprügelt; dazu kommt die verrohende Wirkung auf die Beamten und Zeugen. Wird die Prügelstrafe reichsrechtlich perhorresziert, so muß man auch reichsgesetzlich verhindern, daß sie durch Landesgesetz durch die Hintertür des Disziplinarstrafrechts wieder eingeführt wird. (S. 28.)

Die Deportation ist eines Kulturstaates unwürdig. Der Staat darf sich der Verpflichtung nicht entziehen, die Folgen des Verbrechens zu tragen, das auf seinem Boden gewachsen ist. Mit der Hälfte der erforderlichen Kosten könnte man den ganzen Strafvollzug in der Heimat zweckmäßig modernisieren. (S. 29.)

Auslanddeutscher. Die Deportation ist das einzig wirksame Mittel zur Bekämpfung der Gewohnheitsverbrecher. Für politische Verbrecher könne Verbannung auf höchstens 10 Jahre an Stelle der Freiheitsstrafe treten. (S. 509, 531 ff.)

Kastration als Zusatzstrafe oder als Hauptstrafe neben der Prügelstrafe ist anzuwenden z. B. bei Notzuchtsverbrechern. Die Kastration soll nach dem Vorschlage von Vacher de Lapouge erfolgen, bei Männern durch Sklerose der Epididymis (künstliche Verhärtung der Nebenhoden), welche durch eine Einspritzung von Chlor-Zink erzielt wird und gefahrlos ist, bei Frauen durch „eine geschickte Infibulation“ oder, wenn man die Fähigkeit des Coitus bewahren will, „durch eine künstliche Hervorbringung einer Sklerose der Trompen“. (S. 519/520.)

Als Ersatz- oder Zusatzstrafe kann die Prügelstrafe zur Anwendung kommen bei Personen männlichen Geschlechts bis zu 20 Jahren mit Beschränkung auf ganz bestimmte Roheitsverbrechen. Bei Jugendlichen kann die Vollstreckung dem Vater oder Vormund überlassen werden unter Aufsicht der Behörde. (S. 518/519.)

Eingeführt zu werden verdient die Entziehung des Rechtes, einen bestimmten Beruf oder ein bestimmtes Gewerbe zu betreiben, z. B. bei gewerbsmäßiger Nahrungsmittelfälschung, Kurpfuscherei, Hehlerei, radikalen Zeitungsdruckereien, Buchhandlungen, die nur unsittliche Literatur führen. (S. 512.)

Als Ersatzmittel für Gefängnisstrafe wird vorgeschlagen Hausarrest und Eingrenzung — Beschränkung des Aufenthaltes auf einen bestimmten räumlich begrenzten Bezirk.

Ist ein Verbrechen auf übermäßigen Alkoholgenuß zurückzuführen, so soll der Richter gegen den Verbrecher ein Wirtshausverbot erlassen können. (S. 496.)

Gewohnheitsmäßige Tinker sollen durch Verfügung des Richters auf Grund eines ärztlichen Gutachtens auf sechs Monate bis zu zwei Jahren in eine Trinkerheilanstalt verwiesen werden. (S. 588.)

Beling 2. Die Wiedereinführung der Prügelstrafe wird mit Recht von verschiedenen Seiten befürwortet. Die Frage nach der Aufnahme der Deportation unter die Strafmittel ist der Erörterung wert. (S. 24.)

Berolzheimer 1. Verweis, Verwarnung und Prügelstrafe können nur als Zuchtmittel, nicht als Strafe in Betracht kommen. (S. 458 ff.)

Von neuen Strafarten sind empfehlenswert freiwillige Arbeitsleistung, alternativ oder kumulativ mit Geldstrafe; als Substitution hierfür Freiheitsentziehung mit Arbeitszwang. Ferner Hausarrest als Substitution bei Übertretungen Jugendlicher. (S. 456 ff.)

v. Böhlendorff-Kölpin. Die Prügelstrafe ist dasjenige Strafmittel, welches allein wirksam imstande sein würde, roh veranlagte und sittlich verwahrloste Naturen vor Ausführung ihrer Schandtaten zu warnen und sie davon abzuhalten.

Man sollte ferner ernstlich darauf bedacht sein, sich besserungsunfähiger Elemente durch Deportation zu entledigen. Die Deportationsstrafe schreckt außerdem ab, gewährt den Sträflingen die Möglichkeit, ein neues Leben zu beginnen, zwingt den Arbeitsscheuen automatisch zur Arbeit. Außerdem geschieht durch sie ein Stück Kulturarbeit.

Bovensiepen. Die Prügelstrafe verstumpft und vertiert den Delinquenten, raubt ihm den letzten Rest seiner Menschenwürde und verroht ebenso den, der sie ausführt. Ihre Wiedereinführung ist für einen Menschen, der Anspruch auf humane Bildung erhebt, indiskutabel. Ihre Verteidiger mögen sich einmal die Frage vorlegen, weshalb sie im Mittelalter jahrhundertelang mit der größten Grausamkeit ausgeübt, nicht das geringste zur Eindämmung der Verbrechen beigetragen hat? Ihre Beseitigung ist eines der schönsten

Ruhmesblätter des 19. Jahrhunderts. Die an sich vorzüglich geeignete Deportation muß leider ausscheiden, da wir klimatisch geeignete Kolonien nicht besitzen.

Als Ersatz der ganz ungeeigneten kurzen Freiheitsstrafe für leichtere Straffälle wären persönliche Arbeitsleistung in staatlichen oder kommunalen Betrieben, kontrollierter Hausarrest und Verbot des Wirtshausbesuchs auf bestimmte Zeit gute Ersatzmittel. Namentlich würde die Androhung der letzterwähnten Maßregel bei unserem trinkfrohen Volke sicher einen ganz hervorragend abschreckenden Erfolg ausüben, mehr als wie Verhängung einer achttägigen Gefängnis- oder gar Haftstrafe.

Brückmann 2. Bei den „Unholden" liegt meist eine Perversität vor, gegen welche auch Prügelstrafe nicht hilft; häufig wird auch vom Gericht vielleicht zunächst verkannte Geisteskrankheit der Grund der Tat sein. Weit besser als die Prügelstrafe ist daher die dauernde Einsperrung für solche Personen.

Dänischer Gesetzentwurf über die Einführung der Prügelstrafe. Der wesentliche Inhalt des Gesetzentwurfs ist der folgende:

Auf körperliche Züchtigung kann als Zusatz zu der verhängten Freiheitsstrafe gegen Personen männlichen Geschlechts zwischen 15 bis 55 Jahren erkannt werden:

1. Für solche gegen unschuldige Personen mit voller Überlegung verübte Gewalttätigkeiten, die dem Angegriffenen bedeutende Schmerzen oder ein längeres Krankenlager verursucht oder ihn für längere Zeit unfähig zur Arbeit gemacht haben, wenn der Täter eine solche Folge entweder beabsichtigt hatte oder sie doch als eine wahrscheinliche oder nicht unwahrscheinliche Folge der Tat voraussehen mußte und er außerdem im Laufe der letzten fünf Jahre wegen Gewalttätigkeit oder wegen eines mit Gewalttätigkeit verbundenen Verbrechens entweder zu einer Freiheitsstrafe oder zu einer Geldstrafe von wenigstens 200 Kronen verurteilt ist.

2. Für wiederholten geschlechtlichen Umgang oder den Versuch mit Mädchen unter zwölf Jahren.

Der Umstand, daß das Verbrechen in der Trunkenheit ausgeführt ist, soll die Anwendung der körperlichen Züchtigung nicht ausschließen, wenn dem Täter die erforderliche Zurechnungsfähigkeit nicht ganz gefehlt hat.

Die körperliche Züchtigung darf 27 Schläge nicht überschreiten.

Hahn. In einzelnen bestimmten Fällen ist die körperliche Züchtigung im Interesse der Jugendlichen und des Staates das einzig Richtige, nicht dagegen gegenüber Erwachsenen. Es ließe sich vielleicht das 16. Jahr als Grenze festsetzen. (S. 37.)

Hart. Die Prügelstrafe ist ein Strafmittel, das an Rohheit, Grausamkeit und Gemeinheit der Straftat gleichkommt und um so verwerflicher erscheint, als der Richter es mit kaltem Blute verwendet. Prügel und Folter sind nie ein gründliches Heilmittel gewesen, das zeigt das Beispiel des Orients noch für die Gegenwart.

Humanität gilt heute für Hysterie. Antihysterisch ist es zweifellos, sich als Prügelschwärmer in die Vorstellung zu versenken, wie ein Nebenmensch unter Hieben sich krümmt. Aber antihysterisch sind auch die Dippolde. Auch sie schwärmen immer nur für die Verprügelung der — anderen.

Kahl 1. Die Prügelstrafe kann überall nur als anstaltliche Disziplinstrafe vorbehalten bleiben. (S. 228.)

Der staatlich kontrollierte Hausarrest scheint für Jugendliche überaus erwägenswert. (S. 228).

Derselbe 2. Leitsatz: Die Strafmittel des geltenden Rechts können, unter dem Vorbehalt einer auf stärkere Individualisierung zu berechnenden Einzelreform, der Art nach bestehen bleiben. Als Ersatz für die auf das unentbehrlichste Maß zu vermindernde kurzzeitige Freiheitsstrafe sind stärkere Heranziehung zu gemeinnütziger Arbeitsleistung, staatlich kontrollierter Hausarrest oder sonstige Beschränkungen der gesellschaftlichen Bewegungsfreiheit in Erwägung zu ziehen. Prügelstrafe ist absolut verwerflich. (S. 94.)

Begründung: Die Prügelstrafe widerspricht dem christlich-sozialen Standpunkt. Die an sich vortrefflich geeignete Deportation muß ausscheiden, weil es an geeigneten Strafkolonien fehlt. (S. 107.) Da die kurze Freiheitsstrafe unrationell ist, so muß auf dem Gebiete der kleineren Kriminalfälle tunlichst Ersatz für sie gesucht werden. In Frage kommen: persönliche Arbeitsleistung, Hausarrest oder ähnliche Beschränkungen, wie Verbot der Ortsentfernung, des Wirtshausbesuchs auf ein Jahr. Würden sie überschritten, so müßte ernste, längere Freiheitsstrafe eintreten. Aber meist werden diese Ersatzmittel wirksamer sein, als kurzzeitige Freiheitsstrafen und würden die Gefängnisse erheblich entlasten. (S. 108.)

Kempner. Das gänzliche Fehlen einer Ehrenstrafe als Hauptstrafe für Strafmündige wird als klaffende Lücke empfunden. In Fällen, wo noch unbestrafte Personen trotz erwiesenen Irrtums über die kriminelle Strafbarkeit ihres Handelns zur Verantwortung gezogen werden oder bei leichten Fahrlässigkeitsdelikten und in ähnlichen Fällen erstmaliger Verurteilung scheinen mechanisch wirkende Strafmittel, wie Geld- und Gefängnisstrafen vielfach zu hart; hier erscheint eine rein psychologisch, wie die „Warnung“ der Disziplinargesetze wirkende Strafe ausreichend.

Köhler. Der schädliche Einfluß der Prügelstrafe ist schon oft nachgewiesen worden. Sie wirkt demoralisierend, ungleichmäßig, entwürdigend für den Prügelmeister wie den Sträfling, und ist ebenso irreparabel wie die Todesstrafe, ohne so unentbehrlich zu sein wie diese.

Das Wirtshausverbot ist unpraktisch in größeren Städten. Gegen Zwangsarbeit ohne Einsperrung, Ehrenstrafen, Hausarrest lassen sich so erhebliche Bedenken geltend machen, daß ihre Durchführung kaum zu erwarten ist. Gegen die Konfinirierung auf einen bestimmten Ort, mit der man am ersten Erfolge erzielen könnte, spricht der erforderliche Kontrollapparat und die je nach dem Betroffenen qualitativ hoch verschiedene Art des Übels. (S. 27.)

Kohler 1. Ich sehe in der Deportation das Straf- und Heilmittel der Zukunft und glaube, daß die vielfach verzeichneten Mißerfolge auf technischen Fehlern beruhen. Wesentlich ist, ein Land zu besitzen, wohin man auf Jahrzehnte hinaus die Verbrecher ansiedeln kann, ein Land, das für die Europäer nicht mörderisch ist und ihnen eine intensive Arbeit ermöglicht. Eine solche Verbrecherkolonie müßte von den ehrlichen Kolonien streng getrennt bleiben und es dürften auf ihrem Gebiet keine freien Kolonisten zugelassen werden. Beides verträgt sich nicht. (S. 151.)

Deutscher Kolonialbund. Der Deportationsausschuß des Deutschen Kolonialbundes hat an den Reichskanzler eine längere Eingabe gerichtet, worin vorgeschlagen wird, einen Versuch mit einer fakultativen Strafverschickung zu machen. Die Eingabe versucht zunächst, die Einwände zu widerlegen, die gegen die strafweise Verschickung von Verbrechern erhoben zu werden pflegen. Die Mißerfolge, die andere Staaten, wie Rußland auf Sachalin, Frankreich in Cayenne, England u. a. m. mit der Deportation davongetragen haben, glaubt der Deutsche Kolonialbund „nicht als einen stichhaltigen Grund gegen eine Deportation" anerkennen zu dürfen. Auf den Einwand, daß in der Verschickung als einer gegebenenfalls dauernden Expatriierung, verschärft durch die Gefahren und Schrecknisse der Tropen, eine unmenschliche Grausamkeit liege, erwidert die Eingabe:

Alle diese körperlichen wie moralischen Schädigungen, welche den Verurteilten weit über das ihm zugeteilte Maß der Strafe hinaus (jetzt) treffen, fallen bei einer richtig organisierten Deportation weg. Es bleibt den Leuten vielmehr die durch die eintönige Gefangenschaft bedrohte Lebensfrische und Arbeitskraft bewahrt und sie dürfen späterhin einen sicheren Lebenserwerb in ehrlicher Arbeit erwarten. Selbstverständlich hätte die Behandlung der Deportierten nicht härter zu sein als die in unseren heimischen Strafanstalten, auch dürfen außergewöhnliche Maßregeln nur in Fällen von Aufruhr oder Auflehnung ergriffen werden. Grausamkeiten, wie sie ehemals wohl aus dem Leben der Strafkolonien geschildert wurden, wären natürlich als einer großen Kulturnation unwürdig nicht zu dulden.

Betreffs der Kosten des Deportationsverfahrens stellt der Kolonialbund eine Rechnung auf, die beweisen soll, daß sich die Deportation billiger stellen würde als das heutige Strafvollstreckungssystem. Aus allen diesen Gründen wird in der Eingabe vorgeschlagen, aus der Klasse der mit mindestens fünfjähriger Freiheitsstrafe belegten Gewohnheitsverbrecher 500 Sträflinge, die sich freiwillig hierzu gemeldet haben müßten, auszuwählen und auf der großen Admiralitätsinsel, 300 Kilometer nördlich von Neuguinea, zwangsweise anzusiedeln. Entlassenen oder bedingt begnadigten Sträflingen soll Gelegenheit gegeben werden, sich auf der Insel Neu-Pommern, mit Ausnahme der Gazellehalbinsel, da diese bereits von freien Ansiedlern besiedelt ist, niederzulassen. Die einmaligen Ausgaben für einen solchen Strafverschickungsversuch werden auf eine Million Mark berechnet, die dauernden Ausgaben auf jährlich 230000, sodaß, da dieser Versuch sich über 10 Jahre erstrecken soll, insgesamt dafür etwa $3^1/_2$ Millionen aufzuwenden wären.

v. Kotze. Von einer freien Ansiedlung, selbst unter schärfster Bewachung, sind nur schlechte Resultate, sicher aber keine Besserung zu erwarten. Außerdem droht der Nachbarschaft größte Gefahr. Schließlich fehlt es uns an einem geeigneten Gebiet.

Deshalb sollten alle Kulturstaaten sich vereinigen und, lediglich für ganz Unverbesserliche, ein gemeinsames Deportationsdepot, fern von der Verbindung mit der bewohnten Erde, gründen.

Leuss. Befürwortet die Deportation (S. 190), verwirft aber in Anlehnung an Krohne die Prügelstrafe. (S. 206.)

v. Liszt 1. Die kurzzeitige Freiheitsstrafe, welche in ihrer heutigen Anwendungsweise weder bessert, noch abschreckt, noch unschädlich macht, dafür aber vielfach den Neuling in die Bahn des Verbrechens wirft, ist möglichst durch andere geeignete Maßregeln (Zwangsarbeit ohne Einsperrung, Ehren-Hauptstrafen, insbesondere Verweis, Wirtshausverbot, Hausarrest, Prügelstrafe) zu ersetzen oder durch Verschärfungen ihr die abschreckende Kraft zurückzugeben. (S. 75.)

Als Mittel der Unschädlichmachung kommt neben der Todesstrafe und der lebenslangen Freiheitsstrafe hauptsächlich die Deportation in Betracht. (S. 78, Anm. 8.)

Derselbe 2. Das Strafensystem des geltenden Rechts ist im allgemeinen beizubehalten. (S. 302.) Für die Deportation ist nichts neues vorgebracht. Vor der Einführung der Prügelstrafe schützt wohl schon das Ehrgefühl des deutschen Heeres. (S. 291 ff.)

Derselbe 3. Wenn die Vergeltungsidee nicht ohne die Prügelstrafe auskommen kann, so hat sie sich selbst gerichtet. Folgerichtiger wäre es, gleich zu den Leibesstrafen der Peinlichen Gerichtsordnung und ihrer öffentlichen Vollziehung zurückzukehren. (S. 541.)

Müller. Die mit Neukaledonien gemachten Erfahrungen beweisen unwiderleglich, daß die Änderung des Milieus bei Gewohnheitsverbrechern — die Deportierten bestehen größtenteils aus solchen — keine Besserung hervorbringt, und daß die enormen Unterhaltungskosten, welche sich für Deportierte dreimal so hoch wie für Zellengefangene belaufen, eine vollkommen nutzlose Ausgabe darstellen. Damit soll jedoch keineswegs gesagt sein, daß die Resultate nicht bessere sein würden, wenn man eine sorgfältige Auslese treffen und nur die Gelegenheitsverbrecher zur Deportation verurteilen würde. Man kann im Gegenteil annehmen, daß letztere die ihnen für die Kolonisierung notwendig gestattete Bewegungsfreiheit nicht dazu benutzen würden, um neue Verbrechen zu begehen, sondern um mit Hilfe der ihnen gewährten Vergünstigungen wieder brauchbare Mitglieder der Gesellschaft zu werden. Die Deportation, die sich in bezug auf Gewohnheitsverbrecher als eine ganz verfehlte Maßregel erweist, dürfte demnach hinsichtlich der Gelegenheitsverbrecher die besten Erfolge versprechen.

Petersen. Die Erörterung über die Frage, ob und inwieweit unser System der Strafmittel einer Abänderung bedarf, ist überwiegend noch nicht spruchreif, so z. B. auch die Frage der Deportation. Es kann nicht behauptet werden, daß neue Gedanken über Strafmittel in das Volksbewußtsein eingedrungen sind oder irgendwelche bisherige Strafmittel in der berechtigten öffentlichen Meinung nicht mehr als zeitgemäß und zulänglich empfunden werden. Zur Änderung unseres Systems der Strafmittel würde ein Mut gehören, welcher sich bei so ernsten und einschneidenden Fragen kaum rechtfertigen ließe. (S. 267.)

v. Pflugk-Hartung. Unsere Strafgesetzgebung ist nervöshysterisch. Prügel gehören dem, der sich an Kindern geschlechtlich vergreift, Eltern, die ihre Kinder martern, Erziehern, die ihre Zöglinge sadistisch mißhandeln, Messerhelden, die einen friedlichen Wanderer überfallen, dummen Jungen, die Bäume an der Landstraße zerstören usw.

Priester. Mit Rücksicht auf die ungeheure Zunahme der Verurteilung Vorbestrafter empfiehlt sich die Einführung der

Deportationsstrafe; denn sie vermag im Gegensatz zu dem heutigen Strafensytem: 1. Staat und Gesellschaft gegen das Verbrechen, den Verbrecher zu schützen kraft physischer Selektion desselben. 2. Des Verbrechens Planschmiede von dessen Begehung abzuschrecken kraft des physischen und psychischen Gehalts der Strafknechtschaft mit der dauernden Trennung von der Heimat. 3. Auf den Verbrecher selbst, wenn irgend möglich, erziehend, bessernd, versöhnend, sozialisierend einzuwirken kraft der ihm gewährten, heute verschlossenen Möglichkeit der Rehabilitierung als Ansiedler, der durch Kulturarbeit im Strafkolonialgebiet sühnen wird, was er an der heimatlichen Kultur gefehlt hat. (S. 431/432.)

v. Rhoden. Der viel erörterte Gedanke der Deportation ist an sich sehr erwägenswert; ob er aber eine größere Humanität in sich schließt, ist sehr zweifelhaft. Ein geeignetes Versuchsfeld wäre gegenwärtig das Land der Hereros.

v. Rohland. Wer seine Menschenwürde schändet, hat auch den Anspruch auf Achtung derselben seitens anderer verwirkt und kein Recht mehr darauf, daß sein Körper für die Strafe ein noli me tangere sei. Für alle Fälle ausnahmsweis roher Mißhandlungen wie für besonders gemeine Sachbeschädigungen ist ein körperliches Leiden als Strafe am Platz, um die Strafe zu einem für den Verbrecher wirklich empfindlichen Übel zu gestalten. (S. 488.)

Roosevelt. Gefängnishaft ist eine unzureichende Strafe für Weiberprügler; denn die Haft bedeutet für ihn in der Regel nichts, während seine Frau und Kinder, die unter seiner Brutalität zu leiden hatten, auch noch durch Not und Hunger zu leiden haben. Körperliche Züchtigung würde die beste Strafe für diese Art von Vergehen sein.

Rosenberg 3. Zu befürworten ist für solche Personen, bei welchen das öffentliche Interesse eine dauernde Überwachung erfordert, die Stellung unter Vormundschaft. Die Vormundschaftsbehörde — am besten wäre hierfür das Vormundschaftsgericht geeignet — muß berechtigt sein, dem Verbrecher örtlich und zeitlich Beschränkungen der persönlichen Freiheit aufzuerlegen, wozu ihr ev. strenge Disziplinarmittel zu Gebote stehen: Ordnungsstrafen, Arrest, vorübergehende Einsperrung oder schließlich unbegrenzte Internierung in einem Arbeits- oder Pflegehause.

Schlünkes. Erscheinen Vermögensstrafen als ungenügend oder uneinbringlich, würde auch (bei Jugendlichen) erneute Zwangserziehung nichts helfen, so tritt Verurteilung zu Zwangsarbeit unter staatlicher Aufsicht und Vormundschaft bezüglich der Person und des Vermögens bis zur Besserung, also auf unbestimmte Zeit ein. (S. 38/39.)

Schmölder 2. Das einzige Strafmittel gegen den Unhold — d. h. einen Mann, der sich in seiner Sinnenlust an dem ersten besten Kinde vergreift — ist die Prügelstrafe. Sie ist ein Strafmittel, das bei dem Unhold Hemmungsvorstellungen in wirksamster Weise erweckt, ihn abschreckt, ihm die Freude an seinen Schandtaten raubt und gleichzeitig das Rechtsbewußtsein des Volkes wieder befestigt.

Seuffert 1. Über die Prügelstrafe ist kein Wort mehr zu verlieren. Auch als Disziplinarmittel ist sie zu verwerfen. (S. 57.)

Statt der Deportation wären Bodenkulturarbeiter einzuführen, unter Wahrung der Interessen der freien Arbeiter. Es ist sehr wohl möglich, gerade durch sie den Sträfling wieder an regelmäßige Arbeit zu gewöhnen. (S. 59/61.)

Sichart 1. Das Wirtshausverbot ist nicht durchführbar an größeren Orten, namentlich in Großstädten. (S. 193.)

Derselbe 2. Die Deportation genügt weder dem Besserungs- noch dem Abschreckungs- oder Sicherungszwecke; auch stehen ihr moralische, kolonialpolitische und finanzielle große Bedenken gegenüber. (S. 12.)

Speck. Die Prügelstrafe könnte nur für Roheitsdelikte in Frage kommen. Für sie spricht, daß sie billig, schneidig und geeignet ist, Genugtuung zu gewähren; gegen sie, daß sie vorwiegend Standestrafe werden würde, auch nutzlos sein würde, da die meisten Roheitsdelikte unter dem Einfluß des Alkohols begangen werden. Was für und gegen die Deportation geschrieben worden ist, bewegt sich im allgemeinen auf der Linie des Sentiments.

Die Aufgabe besteht nicht sowohl im Aufsuchen neuer Strafmittel, als im planmäßigen Ausbau und in verständiger Anwendung der vorhandenen. (S. 11 ff. S. 63 ff.)

Stooss 3. Durch die Ausübung der Strafgewalt in Form der Prügelstrafe wird das Bild der Gerechtigkeit entwürdigt. Die Strafe darf niemals die niedrige Erscheinung des Verbrechens annehmen; grausame Qual muß ihr fern bleiben. Die Strafe soll eine Einbuße an Gütern, die durch Zwang wirkt, sein, nicht den Sträfling gegen seinen Peiniger aufreizen und das Mitleid des Unbeteiligten erregen. Eine Reform soll nicht neue Qualen für den Sträfling ersinnen oder alte wiederaufnehmen, sondern der Ernst und die Würde der Strafe sollen erhöht werden.

Wachenfeld. Die Prügelstrafe hält man mit Recht für ein ungeeignetes Strafmittel, weil sie — abgesehen davon, daß sie unter

Umständen das Ehrgefühl und das moralische Bewußtsein des Bestraften eher erstickt als weckt - jedenfalls in ihrem Vollzuge zu verschiedenartig ausfällt und von der Laune und der Körperkraft des Vollstreckers abhängt. Dagegen wird sie als Zuchtmittel und bis zu einem gewissen Grade als Strafmittel rohen und unkultivierten Menschen gegenüber nicht entbehrt werden können, so z. B. für die Eingeborenen in den Schutzgebieten. (S. 278.)

Wagner. In dem Zwiespalt des Menschlichkeitsgefühls mit dem Gedanken, daß es, angesichts der sich häufenden Freveltaten und frechen Ausschreitungen an allen Ecken und Enden des Reichs in der bisherigen Weise nicht weitergehen dürfe, bietet sich als geeignetes Lösungsmittel die Einführung der Verschickungsstrafe.

Sie bezweckt vor allem durch die gewaltsame Entfernung der schlimmsten Bestandteile des Staatswesens nach entlegenen und menschenleeren Gegenden, woselbst sie weniger Gelegenheit und Angriffspunkte zu zerstörenden Ausbrüchen haben, den Schutz der Staatsordnung und der einzelnen Staatsbürger des Mutterlandes, wie auch die Verminderung des Ansteckungsstoffes für andere. (S. 16.)

Es ist eine Pflicht der Rechtspflege, durch Androhung einschneidender Strafen, wie der Ausstoßung nach überseeischen Gebieten, den schwankenden Entschluß der Willensschwächeren nach der Seite des Guten zu verstärken, ihn vor dem Unhold des Bösen in der eigenen Brust zu retten, den gebieterischen Befehl des Pflichtgefühls in ihm wachzuhalten. (S. 18.)

Die Notwendigkeit einer Reform des Strafvollzugs erscheint unabweisbar angesichts der Kriminalstatistik. (S. 23.)

Wetzker. Soweit eine Reform in der Richtung einer Strafverschärfung, etwa gar in der Wiedereinführung der Prügelstrafe, vorgeschlagen wird, sollte das eigentlich durch die geschichtliche Erfahrung längst gerichtet sein. (S. 525.)

Kapitel IV.

Die Anwendung der Strafe auf das Verbrechen.

§ 1.

Wann soll die Zumessung der Strafe erfolgen? Unbestimmte Strafurteile; wer soll bei diesen die Strafe festsetzen?

Aschaffenburg 1. In der Anpassung der Strafe an die Individualität des Täters liegt die Aufgabe der Kriminalpolitik und in der Abschaffung des Strafmaßes ihre Lösung. — Denn das Strafmaß ist in dem Augenblicke überflüssig, wo Abschreckung, Besserung und Sicherung den Strafzweck bilden, und wo das Strafrecht gegen den Gelegenheitsverbrecher nicht mehr blind wütet, und andererseits gegen den Unverbesserlichen nicht mehr allzu schwach ist. Die unbestimmten Strafurteile werden bewirken, daß der Erstlingsverbrecher das Strafgefängnis mit dem ehrlichen Wunsch der Besserung betritt, daß auch von den Rückfälligen noch mancher gerettet werden wird, der jetzt unfehlbar zugrunde geht, und endlich, daß die Gesellschaft vor den Unverbesserlichen geschützt wird. Zur Durchführung des Instituts ist die Mitwirkung der Staatsanwaltschaft, der Gerichte und der Verwaltungsbehörden beim Strafvollzug notwendig. Die Hauptarbeit aber wird wiederum den Strafvollzugsbeamten zufallen, für welche Aschaffenburg eine gründlichere Vorbildung vor allem auf juristischem und psychologischem Gebiete verlangt. (S. 231 ff.)

v. Bar. Unbestimmte Strafurteile sind nur bei der Arbeitshausstrafe für professionelle Bettler und ähnliche Personen zuzulassen. Die Strafe soll hier als eine vom Ermessen einer zu diesem Zweck organisierten Kommission in ihrer Dauer abhängende Strafe zu erkennen sein. (S. 30.)

Berolzheimer 1. Der Einführung der unbestimmten Verurteilung kann man nicht zustimmen, obwohl sie in einem Gedanken wurzelt, dem auch von dem Standpunkt der Ver- und Entgeltungstheorie aus keineswegs jede Berechtigung abgesprochen werden kann. Richtig ist, daß der erkennende Richter in der kurzen Hauptverhandlung nur selten einen tieferen Einblick in das Innere des Verbrechers zu tun imstande ist, doch zwingt der Umstand, daß die Strafe des Verbrechers nicht nach seiner Schuld, sondern nach seinem Verhalten in der Strafanstalt bemessen wird, das Institut abzulehnen. (S. 477.)

Birkmeyer 1. Die Adoptierung der unbestimmten Strafurteile bedeutet ein Aufgeben derjenigen Garantien der bürgerlichen Freiheit, welche im gesetzlichen Strafmaß gegenüber richterlicher Willkür, und im richterlichen Strafmaß gegenüber der Willkür der Vollstreckungsorgane enthalten sind. (S. 74.)

Finger. Spricht sich nicht endgültig für oder gegen die unbestimmten Strafurteile aus. Er warnt nur, davor, bei der Prüfung des sie betreffenden Vorschlags das Moment außer acht zu lassen, daß die Strafe eine Maßregel ist, die ihre Wirksamkeit in einem komplizierten Organismus zu äußern hat. Er fragt eindringlich, ob die vorgeschlagene Maßregel neben der mit ihr gewollten Wirkung nicht eine Nebenwirkung äußern wird, die schlimmer ist, als die mit der geplanten Maßregel beseitigten Schäden. Man soll über dem einzelnen Individuum nicht die Gesamtheit vergessen. (S. 557.)

Kahl 1. Man muß sich unbedingt gegen den Grundsatz der unbestimmten Strafurteile erklären. Doch muß, was an Einschränkung der kurzen Freiheitsstrafen für Jugendliche sonst irgend erreichbar ist, geschehen. Hierdurch, und dadurch, daß jede Freiheitsstrafe Jugendlicher, ob kurz oder lang, schlechthin methodisch zur Erziehung eingerichtet wird, hofft K. dasselbe zu erreichen, wie v. Liszt mit der unbestimmten Verurteilung: die individualisierte Behandlung Jugendlicher. (S. 228/29.)

v. Liszt 1. Die Strafe soll sich als Zweckstrafe in Art und Maß nach der Eigenart des Verbrechers richten. Daher ist die feste organische Verbindung von Strafrechtspflege und Strafvollzug unerläßliche Notwendigkeit. L. fordert demgemäß, daß das richterliche Urteil keine bestimmte Strafe auswerfe, sondern auf Grund nachheriger genauerer Feststellung des Charakters des Verbrechers endgültig bemessen werden soll, etwa auch innerhalb eines Höchst- und Mindestmaßes. Diese endgültige Entscheidung soll einer besonderen Behörde, dem Strafsvollzugsamt, übertragen werden. (S. 79.)

Derselbe 2. Während v. Liszt im Lehrbuch die Forderung der unbestimmten Strafurteile grundsätzlich formuliert, verzichtet er hier auf die folgerichtige Durchführung seines prinzipiellen Standpunkts, um ein Kompromiß mit den gegnerischen Theorien, hauptsächlich der Vergeltungstheorie, anzubahnen. Er beschränkt sich darauf, die unbestimmte Verurteilung für Jugendliche als die in der Regel allein Besserungs- und Erziehungsfähigen zu fordern. Innerhalb der Mindest- und Höchstgrenze, als welche v. Liszt zwei bezw. fünf Jahre vorschlägt, erkennt der Richter auf unbestimmte Zeit Gefängnis. Eine besonders dazu berufene Behörde, das Strafvollzugsamt, hat darüber zu entscheiden, in welchem Zeitpunkt innerhalb dieses Zeitraumes die Entlassung einzutreten hat. Dabei ist zu bemerken, daß die Altersgrenzen der Jugendlichen auf 14 und 21 Jahre zu erweitern sind. v. Liszt tritt schließlich für die spätere Ausdehnung dieser Bestimmungen auf höhere Altersklassen von Verbrechern ein. (S. 294 ff., 301.)

Peterson. Noch nicht spruchreif sind diejenigen Bestrebungen, welche eine grundsätzliche Umänderung der Strafzumessung verlangen. Die einen wünschen eine gesetzliche Festlegung der für die Zumessung in Betracht kommenden Umstände und behaupten, „unsere jetzige ganze Strafzumessung schwebe in der Luft, sie sei ein Suchen und Jagen in der Unendlichkeit"; die anderen fordern, daß die den Richtern für die Strafabmessung gelassenen Spielräume viel enger begrenzt werden müßten; endlich ist auch der Vorschlag gemacht worden, die endgültige Strafzumessung erst nach den Erfahrungen der Strafvollstreckung eintreten zu lassen. Alle diese Bestrebungen befürworten schließlich ohne zwingenden Grund einen Schritt in das Dunkle und einen scharfen Bruch mit der bisherigen Entwicklung unseres Strafrechts. (S. 266.)

Wach 3. Ohne sich kritisch zu den amerikanischen Versuchen zu äußern, hält Wach das Institut der unbestimmten Verurteilung für auf Deutschland nicht übertragbar, d. h. soweit sie reguläre Verbrechensfolge und Bemessung der Strafdauer durch die Strafvollzugsbehörde sein soll. Die verwandte korrektionelle Haft in ihrer Anwendung auf Vaganten, Zuhälter, Prostituierte usw., die auf unbestimmte Zeit verhängt wird, lehnt er nicht ab. (S. 11.)

Wachenfeld. Führt gegen die Institution von unbestimmten Strafurteilen und Strafvollzugsamt folgendes aus: Die Behörde, von deren Urteil die Fortdauer der Inhaftierung abhängen soll, wäre ein Organ der Verwaltung. Infolgedessen würde die persönliche Freiheit nicht mehr völlig unter richterlichem Schutz stehen. Denn hierzu gehört, daß gerade der Richter bestimmt, nicht nur wann überhaupt, sondern auch in welchem Umfang die Freiheit entzogen werden kann. Wäre dem Richter die Strafbemessung genommen, so würde seine Tätigkeit zu einer bloßen Vorarbeit für die Verwaltungsbehörde herabgedrückt. (S. 283.)

§ 2.

Bedingte Verurteilung und bedingte Begnadigung.

Aschaffenburg 1. Die Voraussetznng, von welcher die bedingte Verurteilung ausgeht, daß eine drohende Strafe eine wirksamere Warnung vor dem Rückfall ist als die verbüßte, hält A. für zweifellos richtig. Diese Warnung will er noch dadurch verstärken, daß dem Gelegenheitsverbrecher Strafaufschub mit der Verpflichtung zur Schadloshaltung des Verletzten gewährt werden soll. Er hofft, damit, daß der Staat den Verbrecher zwingt, den Schaden durch seiner Hände Arbeit wieder zu ersetzen, die bedingte Verurteilung auch den Sühnetheoretikern annehmbar zu machen. Schadloshaltung und bedingte Verurteilung sollen die kurze Freiheitsstrafe, die ohne Einfluß auf den Verbrecher bleibe und die Achtung vor dem Gesetze abstumpfe, entbehrlich machen.

Als Bewährungsfrist verlangt A. bei harmlosen Vergehen mindestens 1—2 Jahre, bei etwas bedenklicheren mindestens 3 Jahre. Denn man könne die innere Selbstzucht eines Menschen, wie sie die bedingte Verurteilung bewirke, nicht früher als sicher konstatieren. (S. 225 f.)

Auer 1. Sieht bereits in der bedingten Begnadigung ein vorzügliches Erziehungsmittel, das ohne den Vollzug der Strafe das zu erreichen sucht, was durch den Vollzug vielleicht nicht zu erreichen wäre. Da, wenn die Freiheitsstrafe ausgesprochen, aber nicht vollzogen wird, der Verurteilte in Arbeit, Beruf und Verdienst bleibt, so habe das Institut auch eine eminente wirtschaftliche Bedeutung. Damit sich diese Vorzüge des Instituts aber voll und ganz entfalten können, wünscht A. seine Umwandlung in eine reichsgesetzlich geregelte bedingte Verurteilung, die seitens des Richters auszusprechen ist. (S. 30.)

v. Bar. Verwirft die im Verwaltungswege eingeführte bedingte Begnadigung, welche, wenn sie nicht zur Probe und auf kurze Zeit nur besteht, nach seiner Ansicht das Ansehen von Gesetz und Richter schädigt. Er empfiehlt daher ihre Umwandlung in bedingte Verurteilung, und zwar schon durch ein Zwischengesetz. Diese bedingte Verurteilung muß vom Ermessen des erkennenden Gerichts abhängen, welches ja den Verurteilten und seine Tat am besten kennt. Das Gericht hat sich in den ihm geeignet erscheinenden Fällen über die fragliche Maßregel in einem nicht zu publizierenden Beschlusse zu äußern. Dieser Beschluß soll einem aus höheren Justizbeamten bestehenden Kollegium zur Bestätigung vorgelegt werden, keinesfalls aber dem Justizminister, den seine Eigenschaft als politischer Beamter zu dieser Funktion ungeeignet macht. (S. 8.)

Beling 1. Bei der Frage der Einführung der bedingten Verurteilung gerät die prophylaktische Tätigkeit des Staates mit der Vergeltungstätigkeit in Konflikt. Verbrechen vorzubeugen ist jedoch wichtiger, als geschehene zu ahnden. Wenn es geboten erscheint, einen Erstlingsverurteilten der Strafe nicht zu unterziehen, weil alsdann wahrscheinlicher ist, daß er fortan nicht mehr delinquieren wird, dann muß die Vergeltung zurücktreten. (S. 183.)

Berolzheimer 1. Die Entgeltungstheorie Berolzheimers erblickt in der bedingten Verurteilung den bestmöglichen Weg, die materiellen Ungerechtigkeiten, die daraus entspringen müssen, daß der Strafgesetzgeber nur durch das Mittel der Objektivierung des Verbrechens im verbrecherischen Tatbestand strafen kann, abzuschwächen. B. tritt daher für die möglichst weitgehende Zulassung der bedingten

Verurteilung ein, und zwar ohne Beschränkung auf jugendliche und erwachsene Frauen oder auf Vergehen und Übertretungen. Um eine allzu weite Ausdehnung der Zulässigkeit der Maßregel zu verhüten, empfiehlt er die Bestimmung, daß bei Verbrechen oder Realkonkurrenz oder ein gewisses Maß übersteigenden Vorstrafen der Straferlaß nur in ganz besonderen Ausnahmefällen erfolgen darf.

Die Bemessung der Bewährungsfrist soll der Frist für die auf ähnlichen Gesichtspunkten beruhende Strafvollstreckungsverjährung gleichgesetzt werden. Die Frist soll mit der Rechtskraft des Urteils beginnen.

Eine mit der bedingten Verurteilung verknüpfte Friedensbürgschaft verwirft B. als sozialpolitisch bedenklich, da sie dem ganzen Institut leicht einen plutokratischen Anstrich geben könne. (S. 472 f.)

Binding. Tritt mit Wärme für eine reichsrechtliche Regelung der bedingten Begnadigung ein. Denn diese Regelung, die den bewährten Gedanken, daß die gute Führung des Sträflings ihm eine Anwartschaft auf Begnadigung gibt, dahin ausbaut, daß schon die gute Führung des Verurteilten vor Beginn des Strafvollzugs ihm solche Gnade verschaffen kann, diese Regelung, die besonders den Jugendlichen gnadenweisen Strafaufschub, dann bei guter Führung Begnadigung selbst zuteil werden läßt, wird dazu führen, die Zahl derer zu mindern, die mit dem Makel einer erlittenen Strafe behaftet durch das Leben gehen. Dagegen verwirft B. die bedingte Verurteilung völlig und zwar aus folgenden drei Hauptgründen: 1. weil sie eine bedenkliche Diskreditierung der Strafgesetze bewirke; 2. weil durch sie der Glaube an des Staates Gerechtigkeit erschüttert werde, indem das Los des Delinquenten höher stehe als das Genugtuungsbedürfnis des widerrechtlich Verletzten; 3. weil sie die große Gefahr einer häßlichen, wenn auch unbeabsichtigten Bevorzugung der besseren Stände in der Rechtsprechung heraufbeschwöre. (S. 269.)

van Calker. Die bereits dem geltenden Rechte angehörende Einrichtung der bedingten Begnadigung soll im Sinne der früheren Beschlüsse des deutschen Juristentags in bedingte Verurteilung umgestaltet und reichsrechtlich geregelt werden. (S. 257.)

Cramer 1. Für die Weiterausdehnung der bedingten Strafaussetzung und Begnadigung kommt vom Standpunkt des Mediziners in Betracht: 1. daß dadurch Zeit gewonnen wird zur Beurteilung eines medizinisch nicht ganz klaren Falles, 2. daß wir durch die bedingte Strafaussetzung und Begnadigung einen erzieherischen Einfluß ausüben können, indem das Damoklesschwert der über dem Haupte drohenden Strafe vor Begehung neuer Delikte die nötigen Hemmungen einschaltet. (S. 348/349.)

Gerland. Stimmt Köhler in der Forderung bei, die bedingte Begnadigung beizubehalten, nicht aber die bedingte Verurteilung dafür einzuführen. (S. 7.)

Ginsberg. Ist davon überzeugt, daß die bedingte Verurteilung nicht nur nicht geeignet ist, die auf dem Gebiete des Strafrechts hervorgetretenen, vielfach erheblichen Mängel zu beseitigen, sondern daß die ganze Bewegung, so edel auch immer ihre Ziele und Zwecke sein mögen, sich als ein sehr gewagtes Experiment, zudem auf einem Gebiete darstellt, auf dem alles Experimentieren in besonderem Grade bedenklich fällt, und daß sie Übelstände zeitigt, die, wenn sie auch in vielen Fällen nicht klar und offen in die Erscheinung treten mögen, nichtsdestoweniger tatsächlich vorhanden sind, gerade eben um deswillen aber, weil sie verborgen bleiben, als um so gefährlicher sich ergeben werden. (S. 271.)

Bedingte Verurteilung und bedingte Begnadigung können in ihren Folgen leicht eine schlimmere Strafe bedeuten, als eine unbedingt erkannte kurzzeitige und bald vollstreckte Freiheitsstrafe, insofern jene oft genug eine Erschwerung des Fortkommens und der Erwerbsfähigkeit des bedingt Verurteilten oder bedingt Begnadigten mit sich bringen werden. (S. 291.)

Weder bedingte Begnadigung, noch bedingte Verurteilung können als taugliche Mittel zur Bekämpfung der anwachsenden Kriminalität in Frage kommen, erfolgreich wird man diese Kriminalität nur dann zu bekämpfen vermögen, wenn mit einer rationellen, namentlich gemäßigten und vorsichtigen Reform unseres bestehenden Strafensystems und Strafvollzuges eine planmäßige und energische Fürsorgeerziehung der verwahrlosten Jugend und eine vom Geiste wahrer Menschen- und Nächstenliebe erfüllte nachhaltige Fürsorge für die aus den Strafanstalten Entlassenen Hand in Hand geht. (S. 326.)

Da man während der ganzen Dauer der Bewährungsfrist eine unausgesetzte strenge Überwachung des bedingt Verurteilten oder bedingt Begnadigten bei uns nicht eintreten lassen will und sie auch als eine für deutsche Verhältnisse durchaus ungeeignete Maßnahme bezeichnet werden muß, so müssen auch die bedingte Verurteilung und die bedingte Begnadigung — aus Mangel aller und jeder Garantie dafür, daß der bedingt Verurteilte oder bedingt Begnadigte während der Bewährungsfrist sich in Wahrheit auch bewährt hat, als gesetzgeberisch bedenkliche, ja gefährliche Institutionen erachtet werden. Denn durch sie wird und muß in vielen Fällen nur äußerliches, nur formales Recht geschaffen werden; die Wohltat des Wegfalls der Strafe wird solchenfalls Unwürdigen zuteil und die Autorität der Staatsgewalt erleidet eine empfindliche Schwächung. Stellt man sich aber auf den Boden der Tatsachen und hat man damit zu rechnen, daß der der bedingten Verurteilung zugrunde liegende menschlich schöne Gedanke in Deutschland seinen Ausdruck gefunden hat in der Form der sogenannten bedingten (administrativen) Begnadigung, eines Instituts, welches namhafte Vorzüge der bedingten Verurteilung gegenüber aufweist, so ist doch aufs dringendste zu wünschen, daß die bedingte Begnadigung beibehalten werde und nicht der kriminalpolitisch weit bedenklicheren bedingten Verurteilung weichen müsse. (S. 352.)

Heine. Die bedingte Verurteilung ist reichsgesetzlich auszugestalten und auch für Erwachsene einzuführen. Heine erwartet von dieser Maßregel die Besserung mancher im Strafvollzug vorhandenen Übelstände. (S. 34.)

Kahl 1. Kahl fordert individualisierte Regelung der Aussetzung des Strafvollzugs für Jugendliche. Nach seiner Ansicht ist dabei die Frage, ob dies auf Grund bedingter Verurteilung oder Begnadigung geschehen soll, nicht von grundsätzlicher Bedeutung. (S. 229.)

Kahl 2. Der Grundgedanke, der der bedingten Verurteilung und der bedingten Begnadigung gemeinsam ist, nämlich daß der drohende Strafvollzug für den erstmaligen Gelegenheitsverbrecher ein genügend starker Antrieb ist, weitere Fehltritte zu vermeiden, ist sozial überaus wertvoll. Doch spricht gegen die bedingte Verurteilung, daß damit dem Richter eine Funktion aufgebürdet wird, welche seiner Aufgabe der Rechtsprechung an sich fern liegt. Zu fordern ist aber die reichsgesetzliche Regelung der bedingten Begnadigung. (S. 108.)

Kaufhold. Gesetzesvorschlag: Ein Beschuldigter, welcher zum ersten Male eine mit Geldstrafe, Haft, Gefängnis oder Festungshaft bedrohte Handlung begangen hat, ist zu der gesetzlich bestimmten Strafe zu verurteilen. Ist nach dem Vorleben desselben und den äußeren Umständen seiner Tat zu erwarten, daß er auch ohne Vollziehung der Strafe sich vor weiteren Vergehungen hüten wird, so kann das Gericht die Vollstreckung der Strafe unter der Bedingung aussetzen, daß der Verurteilte während einer im Urteil zu bestimmenden Frist keine neue strafbare Handlung begeht. Wird in dieser Frist vom Verurteilten wiederum das Strafgesetz übertreten, so ist neben der hierfür zu bestimmenden Strafe auch die früher erkannte Strafe in ihrem ganzen Umfange zu vollstrecken. (S. 129.)

Kempner. Die Einführung der bedingten Verurteilung ist eine dringliche Sache. Die bedingte Begnadigung soll durch ein Gesetz ersetzt werden, durch welches dem Richter die Ermächtigung gegeben wird, die zu erkennende Geld- oder Freiheitsstrafe durch eine der bedingten Verurteilung entsprechende Ehrenstrafe zu ersetzen. Denn das Wesen der bedingten Verurteilung liegt in einer Milderung der Strafe im Falle der straffreien Führung des Verurteilten in der Bewährungsfrist derart, daß an Stelle der Geld- oder Freiheitsstrafe eine Ehrenstrafe tritt. Die bedingte Verurteilung soll keinen Einfluß auf die Prozeßkosten und die Schadensersatzansprüche der Verletzten, insbesondere die Buße haben, noch auch auf die gesetzlichen Nebenstrafen, wie Verlust des Wahlrechts etc. Auch im Falle der straffreien Führung soll die Strafe im Strafregister nicht gelöscht, und bei Nichtbewährung ohne Zusammenrechnung mit der neu erkannten Strafe vollstreckt werden. Die bedingte Verurteilung soll die Lücke ausfüllen, die durch das gänzliche Fehlen einer Ehrenstrafe als Hauptstrafe für die Vergehen der Strafmündigen, namentlich in den Fällen des Irrtums unbestrafter Personen über die kriminelle Strafbarkeit einer Handlung und bei Fahrlässigkeitsvergehen mit geringem Verschulden, besteht. Gegen die bedingte Begnadigung spricht, daß die Begnadigung vieler Personen infolge der allgemein bei der bedingten Begnadigung angeordneten Überprüfung der Akten durch die Vollzugsbehörde das Ansehen der Strafrechtspflege viel eher schädigt als die bedingte Verurteilung. Ferner macht der Mangel der Publizität beim Begnadigungsverfahren Irrtümer und Ungerechtigkeiten unvermeidlich. (S. 85/86.)

Klee. Die vom 1. Januar 1903 ab in Geltung getretenen gemeinsamen Grundsätze sind folgende:

1. Von dem bedingten Strafaufschube soll vorzugsweise zugunsten solcher Verurteilten Gebrauch gemacht werden, welche zur Zeit der Tat das 18. Lebensjahr nicht vollendet hatten.

2. Gegenüber Personen, die früher bereits zu Freiheitsstrafe verurteilt sind und die Strafe ganz oder teilweise verbüßt haben, soll der bedingte Strafaufschub nur in besonderen Fällen Platz greifen.

3. Die Höhe der erkannten Freiheitsstrafe soll die Gewährung des bedingten Strafaufschubs nicht grundsätzlich ausschließen.

4. Über die Bewilligung des bedingten Strafaufschubs ist eine Äußerung des erkennenden Gerichts herbeizuführen.

5. Die Bewährungsfrist soll auf weniger als die Dauer der Verjährungsfrist, und zwar bei Strafen, die in zwei Jahren verjähren, mindestens auf ein Jahr, bei Strafen, die einer längeren Verjährung unterliegen, auf mindestens zwei Jahre bemessen werden.

ad 1. Was die bedingte Verurteilung des Auslandes betrifft, so kennt die belgisch-französische Gesetzgebung (Gesetze v. 31. Mai 1889 bezw. v. 26. März 1891) einen Unterschied zwischen Jugendlichen und Erwachsenen nicht. Dasselbe gilt von Massachusetts (seit 1878 bezw. 1880), Luxemburg (Ges. v. 10. Mai 1892), Genf, Waadt und Tessin (Ges. v. 1892 bezw. 1897 bezw. 1900), Portugal (Ges. v. 6. Juli 1893). Dagegen setzen eine absolute Altersgrenze: der schweizerische Kanton Neuenburg (Ges. v. 12. Februar 1891: das 25. Lebensjahr), sowie der ungarische Entwurf von 1892 (das 20. Lebensjahr). Andere Staaten, wie England (Probation of first offenders Act v. 8. Aug. 1887) und Norwegen (Ges. v. 2. Mai 1894) führen unter den besonderen Umständen, bei welchen von der bedingten Verurteilung Gebrauch gemacht werden soll, ausdrücklich das jugendliche Lebensalter des Täters auf.

ad 2. In Belgien und Frankreich ist eine bedingte Strafaussetzung zum zweitenmal ausgeschlossen. In Luxemburg, Genf, Waadt und Tessin darf keine frühere Verurteilung zu einer Freiheitsstrafe vorliegen. Der schweizerische Entwurf (1903) läßt dagegen die Tatsache der Nichtverbüßung einer Freiheitsstrafe entscheiden. Das englische und portugiesische Gesetz fordern das Fehlen jeglicher Vorstrafe. Die übrigen ausländischen Gesetze sehen nicht in der kriminellen Unbescholtenheit, sondern in der bisherigen guten Führung des Angeklagten teils ausdrücklich (Norwegen, Ges. v. 1894, StGB. v. 1902, in Kraft v. 1. Januar 1904), teils implicite eine conditio sine qua non des bedingten Straferlasses.

ad 3. Die bedingte Verurteilung des geltenden ausländischen Rechts macht regelmäßig keinen Unterschied zwischen Geld- und Freiheitsstrafe; nur Portugal beschränkt die Anwendung der Maßregel auf Freiheitsstrafen. Dasselbe tun die Gesetzentwürfe für Ungarn, die Schweiz und die Niederlande. Der Höchstbetrag der den Gegenstand der bedingten Verurteilung bildenden Freiheitsstrafe wird überwiegend auf sechs Monate bestimmt. Nach dem englischen Gesetz von 1887 kommen nur Handlungen in Betracht, die mit keiner höheren Strafe als zweijährigem Gefängnis, nach dem ungarischen Entwurf von 1892 nur solche, die mit keiner schwereren Strafe als einjährigem Gefängnis bedroht sind.

ad 4. In Italien hat sich zur Beratung einer Strafprozeßnovelle eine staatlich berufene Kommission neuerdings (März 1900) unter Ablehnung der bedingten Verurteilung, für Einführung der bedingten Begnadigung, die auf Grund eines gerichtlichen Gutachtens von der Staatsanwaltschaft zu beantragen sei, ausgesprochen.

ad 5. Die ausländische Gesetzgebung regelt die Bewährungsfrist unabhängig von dem Zeitraum, in welchem die Vollstreckung der bedingt erkannten bezw. ausgesetzten Strafe verjährt. Völlige Freiheit des richterlichen Ermessens herrscht in Massachusetts, England und seinen Kolonien. Eine Schranke ist ihm gezogen durch eine Höchstdauer der Bewährungsfrist in Belgien (5 Jahre), durch eine Mindest- und Höchstgrenze in Genf, Waadt, Portugal und nach dem schweizerischen Entwurf (2—5 Jahre). Für alle Fälle gleichmäßig ist die Dauer der Probezeit vom Gesetz bestimmt in Frankreich, Tessin (auf 5 Jahre), in Luxemburg (desgleichen, nur für geringfügige Strafen auf 2 Jahre), in Norwegen (auf 3 Jahre).

Köhler. Wünscht nicht die Einführung der bedingten Verurteilung, weil das Gericht, wenn es die Verurteilung nur bedingt ausspreche oder bei unbedingter Verurteilung den Strafvollzug aussetze, seinem Tenor das Rückgrat bricht. Richtiger erscheint es, diesen Akt des Verzichts auf den Strafanspruch demjenigen zu übertragen, der die Realisierung des Strafanspruchs zu besorgen hat, also der Justizverwaltungsbehörde. Freilich kann auch ein Gericht als Justizverwaltungsbehörde fungieren, aber nicht im formellen, akkusatorischen Verfahren, wenn möglich auch in anderer Besetzung als bei der Urteilsfällung. Auf jeden Fall ist eine Verquickung der gerechten und verdienten Bestrafung mit dem Gesichtspunkt der präventiven Kriminalpolitik zu verhüten. Aber trotzdem kommt man auch vom Standpunkt der gerechten Vergeltungstheorie aus dazu, zugunsten der ernstlich Reuigen die Aufrechterhaltung der bedingten Begnadigung bei kleinen Delikten zu wünschen, und zwar ohne Beschränkung auf Jugendliche oder auf Fälle der Freiheitsstrafe. Dagegen soll die bedingte Begnadigung nur Anwendung finden auf leichte Delikte, bei denen die verwirkte Strafe 3 Monate nicht übersteigt, und auf Verbrecher, die weder die gleiche noch eine gleiche Gesinnung bekundende Tat früher begangen haben. Auch ist sie abhängig zu machen von den Lebensverhältnissen des Verurteilten. Ferner soll sie auf Deliktsfälle beschränkt sein, bei welchen an sich die Gefahr einer Rückfälligkeit trotz der ausgesprochenen geringfügigen Strafe nahe liegt. Bei Personen, für die notorisch Rückfallsgefahr nicht vorliegt, ist eine bedingte Verurteilung nicht am Platze. Hier soll Verurteilung auf Verweis genügen. Die Bewährungsfrist soll mindestens 6 Monate, aber (je nach Art des Delikts) nicht länger als 2—5 Jahre dauern, soll sie ihrem erziehenden und erprobenden Zweck genügen können. (S. 33f.)

v. Liszt 1. In besonders berücksichtigenswerten Fällen soll dem Gelegenheitsverbrecher die Möglichkeit geboten werden, durch einwandfreies Verhalten den Vollzug der erkannten Strafe abzuwenden. Bedingte Verurteilung mit oder ohne Friedensbürgschaft. (S. 76.)

Derselbe 2. Dem Erstlingsverbrecher gegenüber ist in leichteren Fällen die bedingte Verurteilung in Anwendung zu bringen; sie ist im Sinne der früheren Beschlüsse des Deutschen Juristentages reichsrechtlich zu regeln. (S. 302.)

v. Pannwitz. Wichtig ist das Strafmittel der bloß bedingten Verurteilung, bezw. die Aussetzung der Strafvollstreckung bei tadelloser Führung während einer gewissen Zeit. Als modernes Ersatzmittel wird die aus dem englischen Recht stammende Friedensbürgschaft bezeichnet, bei der der Delinquent eine vom Richter zu bestimmende Bargeldsumme als Sicherheit für sein Wohlverhalten auf eine bestimmte Anzahl von Jahren erlegt. Die Bürgschaft verfällt, wenn der Verurteilte in dieser Zeit wieder mit dem Gesetze in Konflikt gerät. Dieses System hat sich bei Roheitsdelikten und Körperverletzungen sehr gut bewährt.

Peterson. Die Frage, ob unser Strafrecht einer Ergänzung durch Einführung der sogenannten bedingten Verurteilung bedarf oder ob die jetzt bestehende bedingte Strafaussetzung behufs etwaiger späterer Begnadigung vorzuziehen bleibt, ist noch lange nicht spruchreif. Es muß erst abgewartet werden, ob und wie die Einrichtung der bedingten Strafaussetzung in längerer Übung sich bewährt. Sollte die Entscheidung dann verneinend ausfallen und sollte sich insbesondere das jetzige Verfahren als allzu schwerfällig herausstellen, so wird immer noch Zeit genug sein, zur bedingten Verurteilung überzugehen. Bei der Abneigung, die bei vielen Richtern gegen jede nachträgliche Außerkraftsetzung eines Urteils besteht, würde die bedingte Verurteilung weit weniger als die bedingte Strafaussetzung zur Anwendung gelangen. (S. 268.)

Rosenberg 1. Wer aus Fahrlässigkeit sich einer Übertretung schuldig macht, verdient eine mildere Behandlung. Ihm kann bei der ersten Zuwiderhandlung die Rechtswohltat der bedingten Verurteilung kraft Gesetzes zugebilligt werden. (S. 53.)

Seuffert 1. Da den Staatsanwälten die Norm der Behandlung gegeben werden kann, den Richtern aber nicht, so hat die bedingte Begnadigung, soweit sie durch die Staatsanwaltschaften behandelt wird, den Vorzug der gleichmäßigeren Anwendung vor der bedingten Verurteilung. Dagegen zeichnet sich die letztere durch größere Einfachheit aus. Ferner spricht für die bedingte Verurteilung, daß, da es sich bei dem bedingten Straferlaß um die Würdigung von regelmäßig wiederkehrenden Umständen handelt, diese Würdigung nicht in die Begnadigungsinstanz, sondern in die Rechtspflege gehört. Zu wünschen ist eine reichsrechtliche Regelung der bedingten Verurteilung, jedoch ist diese auf die Fälle zu beschränken, in denen auf eine Gefängnis- oder Haftstrafe von nicht mehr als 6 Monaten erkannt wurde. (S. 74.)

Sichart 1. Der Beantwortung der zu lösenden Fragen muß die gründliche statistische Untersuchung folgender Fragen vorausgehen: 1. Werden durch den Strafaufschub oder die bedingte Verurteilung in der Tat Strafen erspart? 2. Wird ein solcher Erfolg an einzelnen ohne Schaden und Gefahr für die Rechtssicherheit im allgemeinen erreicht? 3. Es ist zu untersuchen, ob nicht der Zweck der Strafe, insoweit er in der Generalprävention erblickt werden will, Not gelitten haben wird? Die in Rede stehende Einrichtung dürfte bis zur Vornahme einer gründlichen Revision des StGB. durch die in den verschiedenen Einzelstaaten angenommene gnadenweise Anwendung wesentlich an Klarheit gewinnen. (S. 167f. 195.)

Sternberg. Gegen Ende 1902 trat in Österreich eine Verordnung in Wirksamkeit, die das Justizministerium ermächtigt, die Gerichte anzuweisen, in allen berücksichtigungswerten Fällen von Verurteilungen Jugendlicher Gnadenanträge zu stellen. Die Grundsätze sind folgende: 1. In erster Linie sind die Unmündigen im Alter von 10—14 Jahren zu berücksichtigen, die wegen an sich verbrecherischen Handlungen von den Gerichten zu bestrafen sind, bei denen jedoch nach den Umständen des Falles weder der Vollzug der Einschließung, noch die Abgabe in eine Besserungsanstalt dem Strafrechtszwecke förderlich erscheint. 2. Als nächste Altersstufe kommt die vom 14. bis vollendeten 16. Lebensjahr in Betracht. In der Regel soll der Verurteilte noch nicht gerichtlich vorbestraft sein, und die ausgesprochene bezw. nachzusehende Freiheitsstrafe drei Monate Freiheitsstrafe oder 500 Kronen nicht überschreiten dürfen. 3. Unter den sub 1. und 2. genannten Voraussetzungen können auch Jugendliche im Alter von 16—18 Jahren der Strafnachsicht empfohlen werden, wenn sie infolge zurückgebliebener Entwicklung in bezug auf Verstand und Willenskraft Jugendlichen der erwähnten Altersstufen nicht gleichzuachten sind.

In dem Falle, wo sich der Begnadigte des Erlasses der Strafe durch neuerliche Begehung einer strafbaren Handlung unwürdig erweist, ist er als Rückfälliger zu behandeln. (Überwachung fällt fort.)

Wach 2. Wie ist die Regelung — des bedingten Strafaufschubes — zu denken? Jedenfalls nicht in der von mir wiederholt bekämpften schablonenhaften Form der bedingten Verurteilung; also nicht nach belgischem System, nicht so, daß der Richter die bedingte Verurteilung von sich aus definitiv ausspricht und die Bedingung als eingetreten gilt, wenn nicht der Verurteilte in der Bewährungsfrist eine neue strafbare Handlung dieser oder jener Art begeht. — Auf der anderen Seite soll dieses System durch Rechtsregeln ersetzt werden, die ich mir ähnlich denke wie die Vorschriften des Strafgesetzbuches über die vorläufige Entlassung. Allerdings muß zunächst das Gericht sprechen, und sein Spruch muß der Verurteilung von vornherein die Beschränkung beimessen, welche das eventuelle Erlöschen des Strafanspruchs bedeutet. Daraus folgt aber nicht, daß das Gericht bedingt das Erlöschen ausspreche. Es muß dafür gesorgt werden, daß nur auf Grund genauer Sachkenntnis entschieden werde. Solche kommt dem urteilenden Gericht für gewöhnlich nicht zu. Sie wird vorwiegend bei der Strafvollstreckungsbehörde liegen. Daher kann das Gericht nur die Zulässigkeit des Strafaufschubes aussprechen, ähnlich wie es die Stellung unter Polizeiaufsicht oder die korrektionelle Nachhaft verhängt. Ob das nun auf Antrag der Strafverfolgungsbehörde oder auch von Amts wegen zu geschehen habe, ist eine offene Frage. Man könnte die erstere Modalität befürworten schon deswegen, weil unter allen Umständen das weitere Verfahren: die etwaige Überwachung und der Widerruf des Strafaufschubs innerhalb der Bewährungsfrist, der Strafvollstreckungs- bezw. Justizaufsichtsbehörde überlassen bleiben muß. Allein dem steht entgegen, daß eine solche Bindung des Richters durch den Antrag seiner Gesamtaufgabe widerstreiten würde.

Derartig geregelt, würde dem Strafaufschub die volle Elastizität gesichert sein, welche die Anpassung an den einzelnen Fall ermöglicht. (S. 160.)

Derselbe 3. Lehnt auch hier die bedingte Verurteilung ab. Er hält sie nicht für ein Allheilmittel, sondern für ein Hilfsmittel von sehr beschränktem Wert, berechtigt für eine Legislation, welche damit nicht formalistisch, schablonenhaft, sondern in weiser Berücksichtigung der Gefahr des Mittels und unter Benutzung der erzieherischen Kräfte der Gesellschaft arbeitet, wie das in Amerika geschehen ist. (S. 18.)

Wachenfeld. Die bedingte Verurteilung ist bei ersten Vergehen, namentlich von Jugendlichen, sehr empfehlenswert. Sie wird von solchen als Strafe empfunden wie jeder Verweis. Zu verwerfen ist jede generelle Anordnung, vielmehr ist die Anwendung von der Würdigung des konkreten Einzelfalls abhängig zu machen. Zu verwerfen ist ferner die administrative Begnadigung, durch die die Strafe in eine Art polizeiliche Überwachung verwandelt wird, die, weil nicht an eine bestimmte Bedingung gebunden, den Verurteilten längere Zeit in völliger Ungewißheit über sein Schicksal läßt. Wenigstens aber ist zu verlangen, daß die administrative Begnadigung derjenigen Staatsanwaltschaft übertragen werde, welche die Strafsache aus eigener Anschauung und durch die Hauptverhandlung kennt, daß für die Ausübung ihrer Befugnis aber ein Antrag des erkennenden Gerichts zur Voraussetzung gemacht werde, falls man sich nicht entschließen könne, den Gerichten eine Art Begnadigungsrecht zu gewähren. (S. 280.)

Wetzker. Dringend zu wünschen ist die Anwendung der bedingten Verurteilung auf Erwachsene. Das Ausland ist uns darin längst voraus, und die Erfahrungen mit der Einrichtung sind durchaus ermutigend. (S. 526.)

§ 3.

Vorläufige Entlassung.

Aschaffenburg 1. Die vorläufige Entlassung ist ein wertvolles Kampfmittel in der Bekämpfung des Verbrechens. Doch genügt es nicht, daß man den psychischen Zwang der Wiedereinziehungsdrohung nur für die Dauer des Strafrestes gelten läßt — falls dieser nicht ausnahmsweise lange ist. Vielmehr fordert A. bei Erstbestraften mindestens 3 Jahre, bei wiederholt Rückfälligen mindestens 5 Jahre als Bewährungsfrist. Erst dann könne die Maßregel alle ihre guten Folgen äußern. (S. 228.)

v. Bar. Empfiehlt bei Gefängnis und Zuchthaus ein gewisses Progressivsystem im Strafvollzug. Er wünscht, daß die bedingte Entlassung in ausgedehnterem Maße möglich werde, als dies gegenwärtig der Fall ist. (S. 30.)

van Calker. Von besonderer Bedeutung erscheint die weitere Durchführung der im geltenden Rechte bereits vorhandenen Maßregel der vorläufigen Entlassung. Sie soll sowohl bei kürzerer Freiheitsstrafe, als dies im geltenden Rechte geschieht, wie auch bei lebenslänglicher Freiheitsstrafe, hier etwa nach Ablauf von 15 Jahren, zugelassen werden. (S. 257.)

Leuss. Gegen Mißbrauch und Nichtanwendung der vorläufigen Entlassung. (S. 151.)

v. Liszt 2. Der progressiv zu gestaltende Strafvollzug soll mit der bedingten Entlassung schließen, welche nicht ausnahmsweise als Begünstigung zu gewähren ist, sondern als integrierender Bestandteil des Strafvollzugs aufgefaßt werden soll.

Speziell in bezug auf die Jugendlichen äußert sich v. Liszt, daß deren Entlassung vor Ablauf der 5 Jahre — des gesetzlichen Höchstmaßes, bis zu welchem das Strafvollzugsamt erkennen kann — stets bedingte Entlassung ist, die bei schlechter Führung widerrufen werden kann. (S. 294f.)

v. Pannwitz. In Deutschland ist die versuchsweise Entlassung bereits geltendes Recht. Während man aber früher damit kritiklos vorging, so daß natürlich die Zahl der Rückfälligen eine sehr bedeutende war, verfällt man nun in das andere Extrem und macht davon fast gar keinen Gebrauch mehr. Damit leistet aber die Justizbehörde auf ein mächtiges Erziehungsmittel grundlos Verzicht. Mit der bedingten Begnadigung für Jugendliche hat man bei uns gute Erfahrungen gemacht. Bisher wurden rund 25000 Jugendliche bedingt begnadigt; in mehr als 18000 Fällen, sohin in 71 Prozent aller Fälle, erwies sich die Maßnahme als segensreich.

Schwandner. De lege ferenda sind vier Hauptwünsche zu äußern:

1. Auch im Strafgesetzbuch sollte nicht bloß die gute Führung des Gefangenen als Bedingung der vorläufigen Entlassung gefordert werden; es sollte vielmehr im Gesetz verlangt werden, daß das Vorleben, die ganze Persönlichkeit des Gefangenen und die Verhältnisse, in die er nach der Entlassung eintritt, so beschaffen sein müssen, daß die Gefahr des Rückfalls nicht zu besorgen ist.

2. Im Interesse der Rechtsgleichheit sollte bestimmt werden, daß von der vorläufigen Entlassung beim Vorhandensein der gesetzlichen Voraussetzungen Gebrauch gemacht werden müsse.

3. Die Frist, innerhalb welcher die vorläufige Entlassung zurückgenommen werden kann, sollte für alle Fälle auf 2 Jahre ausgedehnt werden.

4. Die vorläufige Entlassung sollte auch auf kürzere Strafen (etwa herunter bis auf 6 Monate) ausgedehnt werden. (S. 366/67.)

Seuffert 1. Die vorläufige Entlassung schlägt S. in der Hauptsache so für das neue StGB. vor, wie sie jetzt ausgestaltet ist. Er möchte jedoch ihre Anwendbarkeit erweitern und die erforderlich werdenden Entscheidungen Gefängniskommissionen übertragen. Die diesbezüglichen Gesetzesvorschläge lauten:

§ 5. Bei Gefängnis- und Haftstrafen kann nach Ablauf von sechs Monaten, wenn wenigstens zwei Drittel der Strafe erstanden sind, die vorläufige Entlassung eintreten.

§ 6. Bei schlechter Führung kann die vorläufige Entlassung widerrufen werden. Der Widerruf ist zulässig, solange die Strafzeit nicht abgelaufen ist. Es genügt, wenn der Entlassene vor dem Ablauf der Strafzeit zur Vorbereitung der Straffortsetzung festgenommen wird.

Die vorläufige Entlassung setzt gute Führung während der bisherigen Strafzeit voraus. Sie kann auf Antrag der Anstaltsleitung von der Zentralgefängniskommission bewilligt werden.

§ 7. Der Widerruf wird von der Zentralgefängniskommission ausgesprochen.

Im Fall des Widerrufs ist der noch nicht erstandene Teil der Strafe zu erstehen. (S. 66/67.)

Sichart 1. Außer der Forderung guter Führung muß man als Voraussetzung der Gewährung der vorläufigen Entlassung verlangen, daß der Gefangene durch Vorleben und Persönlichkeit die Bürgschaft künftiger guter Führung bietet und daß ihm die Verwirklichung seiner guten Vorsätze durch ein ordentliches und gesichertes Fortkommen nach der Entlassung ermöglicht ist. — Der verbüßten Strafe muß die auf die erkannte Strafe in Anrechnung gebrachte Untersuchungshaft gleich geachtet werden, da sonst ungleiche Behandlung gleich schuldiger und nach dem Willen des Richters gleich bestrafter Personen möglich ist. Die Frist, innerhalb welcher die Maßregel widerrufen werden kann, soll nicht, wie nach bisherigem Recht, bis zum Ablauf der festgesetzten Strafzeit, sondern mindestens bis zum Ablauf eines Jahres nach der vorläufigen Entlassung dauern. Denn bei kürzerer Frist kann eine entsprechende Wirkung auf das Verhalten des Beurlaubten nicht erwartet werden. (S. 167/68.)

Derselbe 2. Dem § 23 RStGB. soll eine Fassung gegeben werden, welche die gesetzliche Verpflichtung der obersten Justizaufsichtsbehörde, von der vorläufigen Entlassung beim Vorhandensein ihrer gesetzlichen Voraussetzungen Gebrauch zu machen, bestimmt zum Ausdruck bringt. Die Widerrufsfrist soll zwei Jahre betragen. (S. 56.)

Straßmann. Für die lebenslängliche Zuchthausstrafe sollte die Möglichkeit vorläufiger Entlassung gemäß § 23 StGB. nach einer gewissen Zeit, etwa 20 Jahren, zugelassen werden. In Ergänzung zu § 26 StGB. könnte dann bestimmt werden, daß nach Ablauf eines weiteren Zeitraumes, vielleicht von 10 Jahren, die Strafzeit für abgelaufen gilt. (S. 26.)

Wach 2. Vgl. zu § 1.

§ 4.

Erweiterung oder Verengerung der bisherigen Strafrahmen? Mildernde Umstände.

v. Bar. Die Auswahl der Straftaten, bei denen unser gegenwärtiges Gesetz mildernde Umstände anerkennt, hält v. B. für unhaltbar. Da es kein Delikt gibt, bei welchem nicht besondere mildernde Umstände denkbar sind, fordert er, daß die Zuerkennung mildernder Umstände bei allen Delikten, bei welchen nicht ohnehin schon der Richter ein sehr geringes Strafminimum anwenden kann, zugelassen werde. Er empfiehlt ferner eine angemessene Erweiterung einzelner Strafrahmen, namentlich die häufigere Zulassung der wahlweise zu erkennenden Geldstrafen. (S. 12/13.)

Gerland. Die Vorschläge Köhlers über mildernde Umstände verwirft G. Denn nach seiner Ansicht sind die Verbrechensfälle des täglichen Lebens so verschiedenartig, und es kommen bei abstrakt schweren Delikten in concreto so häufig leichte Begehungen vor, daß die Sicherheitseinrichtung der mildernden Umstände nicht zu entbehren sein wird, wollte man nicht bewirken, daß viel mehr begnadigt weiden müßte, was eine Diskreditierung der Strafrechtspflege bedeuten würde. (S. 9.)

Köhler. Das System der unbestimmten mildernden Umstände in seiner gegenwärtigen Gestalt hält K. für verfehlt, weil die Unbestimmtheit des Begriffs eine gleichmäßige und gerechte Anwendung fast unmöglich mache. Er will es ersetzen durch die Schaffung neuer spezieller Strafmilderungsgründe, die er unter dem Gattungsbegriff der geistigen Minderwertigkeit zusammenfaßt, und durch niedrigere Bemessung zahlreicher ordentlicher Strafminima. Für den Fall, daß man ein Überschreiten des von dem Gesetz vorgeschriebenen Strafrahmens an seiner unteren Grenze vorsehen sollte, will Köhler der Beibehaltung der mildernden Umstände beistimmen. Doch sollten sie die Natur einerseits von Ausnahmefällen, andererseits von allgemeinen Strafmilderungsgründen mit gesetzlich wenigstens angedeutetem Inhalt haben. Köhler schlägt folgende Bestimmung vor:

Eine außerordentliche Strafermäßigung (vielleicht auf zwei Drittel des außerdem bestehenden Strafminimums) kann eintreten, wenn ein oder mehrere im Gesetz nicht besonders vorgesehene, die Strafe mildernde Umstände in solchem Grade vorliegen, daß die auf den Fall anwendbare gesetzliche Mindeststrafe ihrer Höhe nach als ungerecht erscheint. (S. 58/59.)

Meißner. Der Berücksichtigung der Motive nach ihrer Intensität, welche den einen wichtigen Faktor für die Strafzumessung darstellt, wird am besten dadurch Rechnung getragen, daß man die absoluten Strafbestimmungen aus dem Gesetze beseitigt und dafür die relativen Strafandrohungen und das System der mildernden Umstände im weitesten Umfange einführt. (S. 52.)

Seuffert 1. S. erkennt an, daß für die schwersten Verbrechen, bei denen der Gesetzgeber sich nicht entschließen wird (und sich auch nicht entschließen soll), die Untergrenzen der Strafarten als Untergrenzen der anzudrohenden Strafen gelten zu lassen, die Berücksichtigung der Motive, der Geringfügigkeit des nach Willen oder Vorstellung des Täters eingetretenen Schadens, der sonstigen Geringfügigkeit des Angriffs Platz greifen muß. In solchen Fällen erklärt er ein Herabgehen unter ein regelmäßig hohes Strafminimum für angezeigt; doch meint er, daß die Wendung des bestehenden Rechts „in minder schweren Fällen" solchen Strafminderungsgründen ausreichend gerecht wird. Er will diese Wendung ebenso auf Seelenbeschaffenheiten, wie auf Vorgänge im äußeren Tatbestand bezogen wissen. (S. 45.)

Sichart 1. Verlangt engere Normalstrafrahmen, welche nach oben und nach unten sich erweitern unter gleichzeitiger exemplifizierender, dem Richter die nötigen Fingerzeige bietender Angabe von mildernden und schärfenden Gründen. (S. 191.)

Wachenfeld. Was die Frage des Strafrahmens und der mildernden Umstände anbetrifft, so gibt es für eine Revision des StGB. nur zwei Wege: entweder den Strafrahmen bei jedem Delikt so weit anzulegen, daß schon in ihm die mildernden Umstände Berücksichtigung finden können — doch nicht zu weit, da mit der Ausdehnung des Strafrahmens die Schwierigkeit der richtigen Auswahl wächst —, oder aber — was vorzuziehen ist — in dem allgemeinen Teil des StGB. eine für alle Delikte gültige Regel aufzunehmen, nach der bei mildernden Umständen die Strafe in näher zu bestimmender Weise zu ermäßigen ist. (S. 284/285.)

§ 5.

Die Strafzumessung. Berücksichtigung des Motivs.

v. Bar. Spricht sich gegen gesetzliche Bestimmungen über Strafzumessungsgründe aus, weil sie einerseits einzeln zu unbestimmt lauteten, andrerseits ihr gegenseitiges Gewicht sich jeder gesetzlichen Bestimmung entziehe. Auch die Beibehaltung oder gar die Ausdehnung der Anwendung des § 20 StGB. verwirft er, indem er die Festungshaft als entbehrlich erklärt. Im übrigen soll dem subjektiven Momente, der Absicht und Gesinnung des Schuldigen eine weit größere Bedeutung bei der Strafzumessung eingeräumt werden als im bisherigen Recht. Insbesondere sollen Korrekturen des Gesetzes einmal da vorgenommen werden, wo der nur verursachte Erfolg eine höhere Strafe begründet, dann da, wo Bosheit und Roheit infolge eines geringeren Erfolges mit relativ milder Strafe davon kommen würden. Andrerseits lehnt er eine übermäßige Berücksichtigung des subjektiven Moments ab. Namentlich glaubt er, daß die von v. Liszt befürwortete Berücksichtigung der antisozialen Gesinnung des Täters den Richter völlig ratlos lassen würde. (S. 13f. 30.)

Birkmeyer. Das Werturteil für die konkrete Straftat zu bestimmen, muß das Gesetz dem Richter überlassen in Gestalt der innerhalb des gesetzlichen Strafrahmens vorzunehmenden Strafzumessung. Der Wertmesser soll in den im Volke lebenden moralischen und rechtlichen Werturteilen gegeben sein, die aus seinem sittlichen und Gerechtigkeitsgefühl entspringen, und mit welchen Gesetz und Richter in stetem Kontakt sich befinden müssen. Allerdings muß gegenüber dem heutigen Recht eine Beschränkung des hier viel zu weit gehenden richterlichen Ermessens eintreten. Das Gesetz muß, schon um eine gleichmäßige Handhabung der Strafzumessung zu bewirken, dem Richter möglichst genaue Anweisung geben, welche Wertmesser er anzuwenden hat, um ein richtiges Werturteil bezüglich des einzelnen Verbrechens er in der Strafe zum Ausdruck zu bringen. Unter diesen Wertmessern aber soll insbesondere auch Persönlichkeit und Gesinnung des Verbrechers eine viel größere Bedeutung erhalten, als ihr im geltenden Rechte zuteil wird. (S. 76/77.)

van Calker. Zu verlangen ist die Berücksichtigung der verbrecherischen Gesinnung bei der Strafzumessung. Und zwar ist die Intensität der verbrecherischen Gesinnung nach einem doppelten Gesichtspunkt zu bestimmen: einmal nach ihrer ethischen Qualität und dann nach dem Stärkeverhältnisse der für die Begehung des Verbrechens bestimmenden Motive zu den Motiven, welche für das Handeln des betreffenden Individuums regelmäßig maßgebend sind. Ferner soll für die Art der Strafe die Ehrenhaftigkeit oder Ehrlosigkeit der Gesinnung von Bedeutung sein. Und zwar soll das Anwendungsgebiet des § 20 StGB., welches jetzt auf eine Anzahl politischer Verbrechen beschränkt ist, auf alle Delikte ausgedehnt werden. Da alle Delikte gelegentlich aus einer ehrenhaften Gesinnung hervorgehen könnten, muß bei allen Delikten die Möglichkeit gegeben sein, auf eine Art der Freiheitsstrafe zu erkennen, die ausschließlich für diese Fälle vorbehalten sei. (S. 246. 253.)

Gerland. Spricht sich gegen Köhlers Vorschlag, leitende Grundsätze über die Strafzumessung in das Gesetz aufzunehmen, aus. Der Richter muß frei den einzelnen Fall beurteilen können. (S. 9.)

Heine. H. hält es für notwendig, die strafschärfenden und strafmildernden Momente im Gesetze genauer zu bezeichnen und das richterliche Ermessen hinsichtlich der Strafmaße mehr als bisher einzuengen, damit die Grenzenlosigkeit in der Anwendung des

Gesetzes verhütet werde. Handlungen, die keine unehrenhafte Gesinnung verraten, wünscht er allgemein mit einer besonderen Strafart bestraft zu sehen. Denn wollte man die ehrenhafte Gesinnung bei der Strafzumessung nicht berücksichtigen, so müßte man jede noch so humane und in gesetzlichen Formen gehaltene, aber gegen die bestehende Rechts- und Gesellschaftsordnung gerichtete Handlung mit den härtesten Strafen bedrohen. Das Strafrecht soll aber die Taten nicht beurteilen nach ihrem Wert oder Unwert für die bestehende Gesellschaftsordnung, sondern nach ihrem Wert oder Unwert für die dauernden Ziele der Gesellschaft. Das Strafrecht muß seinen Zweck, die Gesellschaft selbst zu schützen, gerade auch darin betätigen, daß es die auf Abänderung der Gesellschaftsform gerichteten Bestrebungen respektiert, sofern sie nicht, wie Meuchelmord usw. mit dem Bestehen der Gesellschaftsform unvereinbar sind. (S. 29ff.)

Kahl 1. Fordert Einschränkung des richterlichen Ermessens durch gesetzliche Strafzumessungsgründe, da die Weite der gesetzlichen Strafrahmen zur Ungleichheit und damit zur Ungerechtigkeit führen müsse, falls die Freiheit im Gebrauche der Strafmaße nicht reguliert werde. Will man die Strafzumessung im Geiste der neuen Zeit, der fortgeschrittenen Erfahrung, der Bedürfnisse einer lebendigen Gegenwart regeln, so sei vor allem die weitgehende Berücksichtigung der verbrecherischen Gesinnung geboten. Man müsse hierzu die verbrecherische Gesinnung einerseits als Einheitsbegriff, als die Gesamtstimmung einer Person gegenüber der Rechtsordnung abgrenzen von den einzelnen Momenten des Motivs, des Zwecks, der Ehrenhaftigkeit oder Ehrlosigkeit und anderer persönlicher Eigenschaften und Verhältnisse andrerseits, die ebenfalls für die Strafzumessung in Betracht kommen sollen. Doch handle es sich dabei nur um eine Anweisung an den Richter, nicht um erschöpfende Legaldefinitionen. (S. 236/237.)

Derselbe 2. Die Freiheit des Richters in der Strafzumessung ist durch Aufstellung gesetzlicher Strafzumessungsgründe zu beschränken. Bei dieser Anweisung an den Richter über das Strafmaß soll zwar auch der äußere Erfolg der strafbaren Handlung, der angerichtete Schaden, aber viel mehr als bisher die verbrecherische Gesinnung, die rechtsverächtliche Gesamtstimmung nach Seite des Zweckes, des Motivs, der Absicht usw. berücksichtigt werden, da in der Gesinnung die Quelle des Verbrechens liegt. (S. 108.)

Köhler. Wenn K. auch eine vollständige Aufzählung aller Strafzumessungsgründe und des Grades ihres Einflusses im Gesetz für einen Fehler hält, so wünscht er doch die Aufnahme leitender Grundsätze in das Gesetz. Insbesondere sollen Bestimmungen darüber, von welchem Normalmaß der Richter innerhalb eines Strafrahmens auszugehen hat, und über einige neue strafändernden Umstände geschaffen werden, deren Annahme teils den Strafrahmen, teils die außerdem festzusetzende Strafe innerhalb des Strafrahmens in bestimmtem Höchstmaße verändert. Dadurch soll erreicht werden, daß das Gericht sich gezwungen sieht, in jedem Einzelfall die Tat wenigstens nach gewissen, die Strafhöhe beeinflussenden Umständen anzusehen. Der leitende Grundgedanke für die Strafzumessung soll sein, daß einmal die Schwere des Erfolges, dann die Schwere der bei der Tat vorhandenen Schuld, welche verschieden ist nach dem Grade der Stärke des verbrecherischen Willens, den die Tat gezeigt hat, und nach seiner Verwerflichkeit, die Strafhöhe beeinflussen soll. (S. 48/49.)

v. Liszt 2. Für Bestimmung der Strafe nach Art und Maß soll in erster Linie nicht der äußere Erfolg der Tat, sondern die verbrecherische, die antisoziale Gesinnung des Täters ausschlaggebend sein. Grundsätzlich soll die Intensität der antisozialen Gesinnung des Täters der einzige Maßstab sein. Aber: Soweit es sich nicht um die erziehende Besserung der Jugendlichen und um die Sicherung der Gesellschaft gegen Unverbesserliche und Gemeingefährliche handelt, soll nach wie vor Art und Maß der Strafe in erster Linie nach der objektiven Schwere der Tat bestimmt werden. Wenn v. L. die Berücksichtigung der verbrecherischen Gesinnung bei der Strafzumessung fordert, so versteht er darunter nicht, daß das Motiv der Tat von Bedeutung sei. Denn da kein Motiv an sich gut oder schlecht, ehrenhaft oder unehrenhaft, achtungswert oder nichtachtungswert ist, so hängt die Wertung der Handlung ab nicht von dem Motiv selbst, sondern von dem Verhältnis des Motivs zu anderen Momenten. Ferner verwirft v. L. auch das Kriterium der verbrecherischen Gesinnung, wie es § 20 StGB. in der Unterscheidung von Ehrlosigkeit und Nichtehrlosigkeit gibt. Denn nach seiner Ansicht kann es sich für das Strafrecht immer nur darum handeln, wie sich der Verbrecher zur Rechtsordnung stellt, ob die verbrecherische Gesinnung eine rechtswidrige, eine antisoziale ist.

Medem. Die wesentlichsten Mängel unserer Strafjustiz liegen in der unvollkommenen Strafzumessung sowohl der gesetzlichen Strafandrohung wie der richterlichen Strafverhängung und in der unzweckmäßigen, ja zweckwidrigen Strafvollstreckung. (S. 6.)

Vgl. Kap. III, §§ 3 u. 5, Kap. VIII, § 8.

Meissner. Bei der Strafzumessung soll die Handlung des Täters einmal unter dem Gesichtspunkt betrachtet werden, inwieweit sie seiner allgemeinen Gesinnung entspricht; ob die verbrecherische Gesinnung so intensiv ist, daß ganz schwache Motive genügen, damit die Tat zustande komme, oder ob es dazu starker Motive bedarf, also die verbrecherische Gesinnung nicht intensiv ist. Diese Berücksichtigung der Motive nach ihrer Intensität, mit welcher die Berücksichtigung der durch die Tat herbeigeführten Interessenverletzung Hand in Hand gehen muß, soll aber nicht durch gesetzliche Vorschrift, etwa in der Form, daß ein starkes Motiv allgemeiner Milderungsgrund sein soll, geregelt werden. Denn es kann nur im konkreten Fall gesagt werden, welche Bewertung die Stärke eines Motivs gegenüber der durch die Tat herbeigeführten Interessenverletzung verdient. — Ferner aber soll bei der Strafzumessung in Rechnung gezogen werden, ob die Gesinnung des Täters eine ehrenhafte oder ehrlose ist. Das Anwendungsgebiet des § 20 StGB., das sich auf wenige politische Delikte nur erstreckt, soll dergestalt erweitert werden, daß die Bestimmung des § 20 als allgemeines Prinzip gilt. Denn die meisten Delikte können sowohl aus ehrloser wie auch aus ehrenhafter Gesinnung entspringen. Das Resultat ist: Die Stärke der Motive soll in der Höhe des Strafmaßes, die ehrenhafte Gesinnung in der Strafart berücksichtigt werden. (S. 52, 66, 71.)

Meyer v. Schauensee. Das deutsche Strafgesetzbuch wird vielleicht besser tun, wenn es die ganze Lehre der Strafzumessung der Theorie und Praxis überläßt; denn ein Richter, dem eben Wissenschaft und Erfahrung fehlen, weiß mit dürftigen Vorschriften doch nichts anzufangen. (S. 62.)

Sichart 1. Der Zweckgedanke soll in unserer künftigen Strafgesetzgebung die Oberhand gewinnen, so daß die Größe der Gefahr, die das bisherige Gesamtverhalten des Übeltäters, seine soziale Verfassung für die Gesellschaft offenbart, als Maßstab der Strafbarkeit gesetzlich anerkannt wird. Von diesem allgemeinen Strafausmessungsgrunde ausgehend soll der Gesetzgeber für den Richter, wenn auch nur in exemplifizierender Weise, die Gründe aufstellen, nach denen er, sei es rücksichtlich der Tat oder des Täters, die Strafe im einzelnen Fall zu mindern oder zu mehren hat, doch ohne daß das Maß ihrer Berücksichtigung in gleich bestimmter Weise wie bei Versuch und Teilnahme zu normieren ist.

Was die Art der Strafe bestimmt, so wird § 20 StGB. überflüssig durch S.'s Vorschläge über das Strafensystem und die Stellung von Zuchthaus und Festung darin, wonach beide als außerordentliche Strafen in Anwendung kommen, und zwar Zuchthaus bei Vergehen und Verbrechen Rückfälliger und lebenslänglich Verurteilte und Festung bei Gefängnis- und Haftstrafen dann, wenn das Gericht es der Bildungsstufe oder den bürgerlichen Verhältnissen des

Verurteilten sowie den besonderen Umständen der Tat oder der dieser zugrunde gelegenen Gesinnung angemessen findet. (§§ 17 1, 18, 19 in Sicharts Entwurf.) Hierdurch ist die Festungshaft nicht als besondere Strafart für einige wenige Verbrechen konstruiert (was im bestehenden Recht der Fall ist), sondern allgemein ist eine Milderung der Gefängnisstrafe durch Vollzug in einer Festung ermöglicht, wie andrerseits eine Schärfung durch Vollzug im Zuchthause eintreten kann. (S. 154f., 190.)

Wulffen. Alle Strafzumessung hat auf die ethischen und sozialen Anschauungen eines Volkes in seiner Gesamtheit hinzublicken und hat auf sie, welche wandelbar sind und fortschreiten, auch innerhalb der Strafandrohungen eines alternden Gesetzbuches möglichste Rücksicht zu nehmen. Eine Strafzumessung, welche der Ethik und der Sozialpolitik eines Volkes widerspricht, ist fehlerhaft. Der Strafrichter schneidet mit ihr in das gesunde Fleisch seines Volkes. (S. 109.)

Sozialpolitik und Kriminalpolitik sollen dem Richter die Wege weisen, wenn er die Strafe ausmißt. Die Sozialpolitik lehrt: Die menschliche Gesellschaft muß nach besten Kräften bestrebt sein, jedes ihrer Glieder zu einem für das Gemeinwohl brauchbaren heranzubilden und als solches zu erhalten. Die Gesamtheit eines im Staate verbundenen Volkes ist das Höchste, dem alles andere dienen muß, weil nur in ihr aller Fortschritt sich offenbart. Jeder Akt, durch welchen ohne vernünftige Ursache und ohne vernünftigen Zweck die Heranbildung auch nur eines einzigen, und wäre er der geringste, zu den großen Zwecken des Ganzen vereitelt oder vernachlässigt wird, bedeutet einen sozialpolitischen Fehler. Die Gebote der Kriminalpolitik aber sind dem gleich. Zu strafen ist in der Weise, daß dem Übeltäter so lange wie irgend möglich der Zusammenhang mit dem besseren Teile der menschlichen Gesellschaft erhalten bleibt. Zu strafen ist nicht mit dem Erfolge, daß der moralisch Schwache, der Verführte, mit der ersten Verurteilung sich aus der Gesellschaft der Besseren ausgestoßen fühlt und deshalb auf der abschüssigen Bahn des Verbrechens weiterschreitet. Nur der Unverbesserliche, der nach menschlicher Berechnung für die Zwecke des Ganzen unwiederbringlich verloren ist, fühle die ganze Schwere des Gesetzes und werde unschädlich gemacht. Bei dem ersten Fehltritt ist der Übeltäter so mild wie irgend möglich zu strafen. Insbesondere ist bei erstmaliger Verurteilung reiflich und vorsichtig abzuwägen, ob auch die Nebenstrafe der Aberkennung der bürgerlichen Ehrenrechte ausgesprochen werden soll. (S. 113.)

Kapitel V.

Verminderte oder nicht vorhandene Zurechnungsfähigkeit.

Dieses Kapitel wird von der kriminalpsychologischen Sektion des Seminars bearbeitet. Vgl. „Materialien zur Lehre von der verminderten Zurechnungsfähigkeit, herausg. v. Gottschalk". Beilage zu Bd. 11 der Mitteilungen der Internationalen Kriminalistischen Vereinigung.

Kapitel VI.

Die Jugendlichen.

§ 1.

Heraufsetzung des Alters der absoluten und relativen Strafmündigkeit.

Aschaffenburg 2. Es empfehlen sich folgende Bestimmungen (vgl. Kap. VI, § 4):

§ 55. Wer bei Begehung der strafbaren Handlung das 16. Lebensjahr nicht vollendet hat, kann wegen derselben nicht strafrechtlich verfolgt werden.

§ 56. Wer bei Begehung der strafbaren Handlung das 16., aber noch nicht das 21. Lebensjahr vollendet hat, wird milder bestraft, und zwar kann nur auf Haft, Festung oder Gefängnis nicht über 15 Jahre hinaus erkannt werden.

In allen Fällen, auch bei längeren Strafen, ist durch Gerichtsbeschluß festzustellen, ob sich die Anwendung der bedingten Verurteilung mit langer Bewährungsfrist empfiehlt. (S. 73.)

Auer 1. Erhöhung der Grenze der Strafverantwortlichkeit auf 14 Jahre. (S. 14. 32.)

von Bar. Die Altersgrenzen sind wie im geltenden Recht zu belassen. Die Strafverfolgung gegen Jugendliche soll jedoch vom Ermessen des Staatsanwalts abhängig gemacht werden. (S. 7.)

Bovensiepen. Schulpflichtige Kinder gehören nicht in Gefängnisse, sondern in die Zwangserziehung. Deshalb ist es eine selbstverständliche Forderung, die wir an unser neues Strafgesetz stellen: Erhöhung der Strafmündigkeit auf das vollendete 14. Lebensjahr. Ferner räume man auch in Zukunft dem Strafrichter die Befugnis ein, auch bei Vorhandensein der vollen Einsicht des Jugendlichen in die Strafbarkeit seines Tuns, zu wählen zwischen

Strafe und staatlicher Zwangserziehung. Denn wie häufig fehlt der Jugendliche ja nicht aus eingewurzeltem verbrecherischen Triebe, aus Lust am Verbrechen, sondern aus Schwachheit heraus, wie oft verführen ihn unglückliche zerrüttete häusliche Verhältnisse, Wohnungsnot und Schlafburschentum.

Burkhardt. Es dürfte sich empfehlen, die Strafmündigkeit mit dem vollendeten 14. Lebensjahre anzunehmen. In diesem Alter verlassen die Kinder die Schule und treten in das öffentliche Leben über. Bis dahin hat überhaupt keine gerichtliche Strafe einzutreten. Eine Ausdehnung der Straffreiheit über das 14. Lebensjahr hinaus empfiehlt sich nicht. Junge Leute, welche aus der Schule entlassen sind und sich als Arbeiter, Lehrlinge oder in ähnlichen Stellungen befinden, wissen, daß sie dem öffentlichen Recht unterliegen, oder sollen es wissen.

van Calker. Die im geltenden Rechte bestehenden Altersgrenzen für relative und volle Strafmündigkeit sind beizubehalten. (S. 255.)

Cramer 2. Vom ärztlichen Standpunkt aus ist es dringend zu befürworten, daß die Altersgrenze für die Strafmündigkeit möglichst heraufgerückt wird.

Dix. Die Altersgrenze für die relative Strafmündigkeit ist auf die Zeit der Vollendung der Schulpflicht heraufzusetzen.

Gennat. a) Mit dem vollendeten 14. Lebensjahre beginnt in unseren Breiten die Geschlechtsreife und endet fast im ganzen Deutschen Reiche die Schulzeit. Knaben und Mädchen gehen in Dienst oder Lehre und überkommen bürgerliche und kirchliche Rechte und Pflichten. Endlich gewährt das StGB. Kindern unter 14 Jahren gegen bestimmte Verbrechen erweiterten Schutz, macht also von dieser Altersgrenze schon Gebrauch, so daß sie ihm nichts neues ist.

Alles das weist mit geradezu zwingender Gewalt darauf hin, daß das Strafmündigkeitsalter auf das vollendete 14. Lebensjahr hinaufzusetzen ist.

b) Bei dem durchschnittlichen Stande der Schulkenntnisse und der intellektuellen, religiösen und sittlichen Bildung der 18—21jährigen, gerade unter den Straffälligen, und in Anbetracht der äußeren Umstände und Verhältnisse, unter denen sie vielfach aufgewachsen sind, erscheint es auch innerlich gerechtfertigt die volle Strafmündigkeit erst mit dem vollendeten 21. Lebensjahre eintreten zu lassen.

Hahn. Die obere Altersgrenze der relativen Strafmündigkeit ist beizubehalten, die untere auf das 14. Lebensjahr heraufzusetzen. (S. 39.)

Heine. Das Strafmündigkeitsalter muß weiter hinausgeschoben werden.

Hoegel. Die Grenze des strafmündigen Alters ist auf das 14. Lebensjahr zu erhöhen.

Kahl 1. Das Alter der relativen Strafmündigkeit ist von 12 auf 14 Jahre zu erhöhen; die Altersgrenze für die volle Strafmündigkeit ist nicht zu erweitern. Erscheint es physiologisch und psychologisch gerechtfertigt, hierin beide Geschlechter gleichzustellen? (S. 227.)

Klein. Die Altersstufe der absoluten Strafunmündigkeit ist bis zu dem vollendeten 14. Lebensjahre zu erstrecken unter der Voraussetzung ausreichender disziplinarer Maßregeln.

Als obere Grenze des Alters der relativen Strafunmündigkeit ist das vollendete 18. Lebensjahr festzuhalten. (S. 133.)

Köhler. Die bisherigen Altersgrenzen sind unbedingt beizubehalten. (S. 28. 43f.)

v. Liszt 2. Die bisherigen Altersgrenzen von 12 und 18 Jahren sind auf 14 und 21 Jahre zu erweitern. Bis zum 14. Lebensjahre keine strafrechtliche Verfolgung, dafür aber staatlich überwachte Fürsorgeerziehung. (S. 287. 292f. 302.)

Marcovich. Als die natürlichste Grenze der Strafmündigkeit ist das 14. Lebensjahr zu bezeichnen. Dieses erscheint besonders passend, weil die Kinder mit diesem Jahre die Volksschule, ja oft die Familie verlassen und ins Leben treten, woselbst sie, den Kampf ums Dasein aufnehmend, mitunter gar bald gänzlich selbständig werden.

Mayer 1. Die Festsetzung der Altersgrenzen der Strafmündigkeit und im wesentlichen auch die Normierung ihrer Voraussetzungen in dem zurzeit geltenden deutschen Strafgesetzbuche hat sich bewährt und es empfiehlt sich daher eine Erstreckung des Lebensalters der Strafunmündigkeit bei der Strafrechtsreform nicht.

Ortloff. Die Altersgrenze der Strafunmündigen im Sinne des § 55 StGB. ist von 12 auf 14 Jahre zu erhöhen. Darüber herrscht Einverständnis.

Preetorius. a) Der Beginn der Strafmündigkeit ist auf das vollendete 14. Lebensjahr hinaufzurücken.

b) Ein Hinaufrücken der Grenze für die volle Strafmündigkeit über das 18. Lebensjahr hinaus empfiehlt sich nicht.

Rossmy. a) Sittliche und soziale Gründe sprechen dafür, die Altersgrenze auf das vollendete 14. Lebensjahr hinaufzurücken.

b) Die Heraufsetzung der Grenze der vollen Strafmündigkeit auf das vollendete 20. Lebensjahr empfiehlt sich, besonders auch im Hinblick auf den Beginn der allgemeinen Wehrpflicht.

Schröter. Der Gesetzgeber muß sich fragen: Hat die Erziehung im 12. Lebensjahre einen derartigen Abschluß erreicht, daß man nunmehr einem körperlich und geistig normal entwickelten Menschen die gesetzlich vorgeschriebene Urteilsfähigkeit zutrauen kann? Diese Frage ist zu verneinen.

Die gesamte deutsche Schulgesetzgebung hat vorgeschrieben, daß das Kind bis Ostern desjenigen Jahres, in dem es das 14. Lebensjahr vollendet, die Schule zu besuchen hat. Sie ist also der Ansicht, daß das Kind dieses Zeitraums bedarf, um den gesamten vorgeschriebenen Bildungsstoff zu fassen. Es kann aber erst ein Kind, welches die Schulbildung vollendet hat, für geistig so weit entwickelt gehalten werden, daß nach der Fähigkeit, die Sträfbarkeit einer Handlung zu erkennen, gefragt werden kann. Es wäre darum zum mindesten nicht das vollendete 12., sondern erst das vollendete 14. Lebensjahr als das Alter der beschränkten Strafmündigkeit festzusetzen.

Hoffentlich wird wenigstens dieses Ziel in absehbarer Zeit erreicht. Es wird damit der Zustand, Schulkinder auf der Anklagebank zu sehen, welcher vielen Richtern und auch vielen Laien, welche ein Interesse für unser soziales Leben haben, längst als unhaltbar erschienen ist, beseitigt werden.

Aber auch die Erreichung dieses Ziels wäre noch nicht das erstrebenswerte Ideal der Strafrechtspflege auf vorliegendem Gebiet. Man sollte vielmehr erst alle anderen Mittel versuchen, ehe man die Jugendlichen dem Strafrichter und den verderblichen Einflüssen des Gefängnisses zuführt. Es müßte darum die Altersgrenze der beschränkten Strafmündigkeit beseitigt werden und nur noch das 18. Lebensjahr als Beginn der vollen Strafmündigkeit bestehen bleiben. Personen unter 18 Jahren wären nur der Fürsorgeerziehung zu überweisen.

Auch ist unser jetziger Zustand schwer mit dem Gesetz vom 2. Juli 1900 in Einklang zu bringen. Dieses hat bekanntlich die Grenze der Fürsorgeerziehung nach oben bis zum 18. Lebensjahre hinaufgesetzt. Es ist nun doch offenbar ein logischer Widerspruch, Personen in einem Alter, in welchem sie noch als der Fürsorgeerziehung bedürftig erachtet werden, dem Strafrichter zu unterstellen.

Seuffert 1. Die Altersgrenze für den Beginn der strafrechtlichen Verantwortlichkeit ist auf das 14. Lebensjahr zu erhöhen.

Wach 3. Die Strafmündigkeit kann nicht vor dem vollendeten 14. Lebensjahr beginnen.

Zucker. Einer Heraufsetzung der Strafmündigkeitsgrenze kann ich nicht zustimmen. Im Gegenteil müßte der Jugendliche vom angehenden 11. Lebensjahre seine strafbare Handlung vor Gericht verantworten. Die Bestrafung darf nicht der Schulzucht überlassen werden, die nicht einmal die ausreichenden Strafmittel für Übertretung der Schulgesetze zur Verfügung hat. Daß dieser Vorschlag Beachtung verdient, ergibt der Umstand, daß diese Bestimmung seit mehr als 100 Jahren in Österreich besteht und sich dort bewährt zu haben scheint.

§ 2.

Die Voraussetzungen der Bestrafung. Die zur Erkenntnis der Strafbarkeit nötige Einsicht.

Burkhardt. Nicht, wie bisher, die Verstandesreife, sondern der Grad der sittlichen Reife des Kindes muß für die Strafbarkeit ausschlaggebend sein. Wenn sich aus dem ganzen Verhalten des jugendlichen Angeklagten, aus seinen Lebensverhältnissen und aus seiner gesamten Individualität ergibt, daß derselbe für seine Handlungen nicht verantwortlich gemacht werden kann, so würde er nicht zu bestrafen, wohl aber der Zwangserziehung zu überweisen sein. Hat aber der jugendliche Verbrecher die Fähigkeit besessen, richtig zu handeln und hat es doch nicht getan, dann ist die Strafe voll angebracht.

van Calker. Auf die einseitige Prüfung „der zur Erkenntnis der Strafbarkeit erforderlichen Einsicht“ muß verzichtet werden; vielmehr ist auch dem Jugendlichen gegenüber an dem allgemeinen Grundsatz festzuhalten, daß auf Strafe nur dann zu erkennen ist, wenn die regelmäßigen Erfordernisse der Zurechnungsfähigkeit gegeben sind. (S. 255f.)

Cramer 2. Das Kriterium „der zur Erkenntnis der Strafbarkeit erforderlichen Einsicht“ kann vom ärztlichen Standpunkt aus unbedenklich wegfallen. Zur Begutachtung muß dem Arzte mehr Zeit zur Verfügung gestellt werden, als dies nach heutigem Gesetze möglich ist.

Groß. Thesen:

1. Der Begriff der jugendlichen Verbrecher ist nicht weiter beizubehalten, da er nur ein äußerliches Unterscheidungsmerkmal

als Einteilungsgrund enthält; er ist durch einen anderen zu ersetzen, welcher auf die Erziehbarkeit des Verbrechers Gewicht legt.

2. Die subjektiven Altersgrenzen, welche höchst verschieden entwickelte Individuen ungerechtfertigt zusammenfassen, haben im Strafgesetze völlig zu entfallen; bei jedem Individuum, welches sich in einem Alter befindet, das beendete Entwicklung zweifelhaft erscheinen läßt, ist vom Richter besonders zu untersuchen und zu entscheiden, ob Verantwortung mit Rücksicht auf das Alter vorliegt. (S. 96.)

Hahn. Statt des Erfordernisses „der zur Erkenntnis der Strafbarkeit erforderlichen Einsicht“ hat die Prüfung der Gesamtpersönlichkeit für die Strafbarkeit entscheidend zu sein.

Heine. Es muß Straffreiheit eintreten nicht bloß, wenn wie heute der Täter nicht die „zur Erkenntnis der Strafbarkeit erforderliche Einsicht“, sondern auch wenn er nicht die zur Überwindung des verbrecherischen Impulses erforderliche Charakterreife besessen hat. (S. 33.)

Kahl 1. Für jugendliche Verbrecher von 14—18 Jahren darf das Kriterium der Strafbarkeit nicht allein in die „zur Erkenntnis des Strafbarkeit erforderliche Einsicht“ gelegt werden, sondern es muß unter vollkommen freier Würdigung des Richters die gesamte sittliche Ausreifung darüber entscheiden.

Klein. In §§ 56, 57 Abs. 1. StGB. ist das Kriterium der für die Erkenntnis der Strafbarkeit erforderlichen Einsicht zu ersetzen durch eine Fassung, welche als entscheidend die Reife der Persönlichkeit überhaupt betont. (S. 133.)

Köhler. Das Erfordernis der „zur Erkenntnis der Strafbarkeit erforderlichen Einsicht“ ist mit dem Erfordernis zu vertauschen, daß bei jedem Jugendlichen die Zurechnungsfähigkeit geprüft werde. (S. 28. 43 f.)

v. Liszt 2. Die Feststellung der „zur Erkenntnis der Strafbarkeit erforderlichen Einsicht kommt in Wegfall. Freie Prüfung durch den Richter im Einzelfalle, ob Strafe oder staatlich überwachte Erziehung einzutreten hat. (S. 287. 292 f. 302.)

Preetorius. Als Voraussetzung der Strafbarkeit innerhalb der Altersgrenze vom vollendeten 14. bis zum 18. Lebensjahre ist statt der zur Erkenntnis der Strafbarkeit der begangenen Handlung erforderliche Einsicht (§§ 56 und 57 StGB.) ein Kriterium festzusetzen, welches auf die allgemeine sittliche Reife Gewicht legt.

Seuffert 1. Das Erfordernis der „zur Erkenntnis der Strafbarkeit erforderlichen Einsicht“ ist zu beseitigen. Die Untersuchung und Feststellung hat sich auf die Bestimmbarkeit des Jugendlichen durch Gesetze zu richten. (S. 35.)

Wach 3. Die Zurechnungsfähigkeit ist richtiger zu bestimmen als bisher. Es kommt auf die Gesamtentwicklung der Person nicht nur des Verstandes oder Verstehens, sondern des Willens, der Widerstandskraft gegen Triebe und Reize an.

§ 3.

Strafensystem, Strafzumessung und Strafvollzug.

Auer 1. Keine kurzzeitigen Freiheitsstrafen, sondern lange und gründliche Besserungsstrafen.

Burkhardt. Daß Todes- und Zuchthausstrafe, sowie auch alle Ehrenstrafen und die Polizeiaufsicht gegen jugendliche Inkulpaten nicht angewandt werden sollen, ist völlig berechtigt.

Daß der in besonders leichten Fällen von Vergehen und Übertretungen angedrohte Verweis zur Anwendung kommen soll, ist zu billigen; und besonders wirksam ist, daß er in Gegenwart des ganzen Richterkollegiums in feierlicher Form mündlich erteilt wird.

Verfehlt hingegen ist die Androhung von Festungshaft für Knaben und halbreife Burschen.

Auch im übrigen sind die bisherigen Bestimmungen verfehlt. Sie weisen den Richter geradezu an, auf möglichst kurzzeitige Strafen zu erkennen.

Es wäre zu wünschen, daß an Stelle des § 57 StGB. der Satz tritt:

„Bei Verbrechen und Vergehen jugendlicher Personen ist in bezug auf die Strafhöhe ebenso zu erkennen, wie gegen Erwachsene. Nur muß die Freiheitsstrafe stets auf Haft oder Gefängnis lauten und darf nie die Höhe von 15 Jahren überschreiten."

Dem Strafvollzuge an jugendlichen Verbrechern ist wegen seiner großen Wichtigkeit besondere Aufmerksamkeit zu widmen. Alle kurzzeitigen Strafen der Jugendlichen müssen unbedingt in strengster Isolierhaft verbüßt werden. Es ist ferner zu fordern, daß alle jugendlichen Verurteilten, deren Strafe mindestens einen Monat beträgt, ihre Strafe in eigens für diese Gefangenen eingerichteten wohlorganisierten Strafanstalten verbüßen. Auch die Trennung der Strafanstalten für Jugendliche nach den Geschlechtern ist dringend nötig. Die Einzelhaft müßte in der Regel nach zweijähriger Dauer ihr Ende erreichen. Außerdem sollten diejenigen Gefangenen, deren Strafe von mindestens 6 Monaten zu Ende geht oder deren vorläufige Entlassung in Aussicht genommen ist, mindestens eine Woche vor dem Entlassungstermine in gemeinschaftliche Haft gebracht werden, um so besser prüfen zu können, welche Wirkung die Strafe bisher auf die betreffenden Gefangenen ausgeübt hat. — Auch die Bestimmungen über dievorläufige Entlassung müßten für jugendliche Personen erleichtert werden.

van Calker. Todesstrafe und Zuchthausstrafe müssen auch ferner außer Betracht bleiben. Gefängnisstrafe und in weiterem Umfange als heute der Verweis sind die zu verhängenden Strafarten.

Der Strafvollzug ist zweckmäßig derart zu gestalten, daß die Verbüßung kurzzeitiger Strafen in Einzelhaft nach Art des militärischen Mittelarrestes, die Verbüßung längerer Strafen unter intensiver Betonung pädagogischer Gesichtspunkte erfolgt.

Dix. Einstweiliger Strafaufschub ist zur Verhütung künftiger Rückfälle zu empfehlen.

Die Freiheitsstrafe muß nach Umfang und Vollzug zur Erziehungsstrafe umgestaltet werden. Vorbildlich ist das irische Strafensystem. Einzelhaft von 9 Monaten; gemeinschaftliche Zwangsarbeit; Unterricht in gewerblicher oder landwirtschaftlicher Arbeit in einer Zwischenanstalt; bedingte Beurlaubung.

Hahn. Kurzzeitige Freiheitsstrafen sind zu vermeiden. Die bedingte Begnadigung ist vom pädagogisch-psychologischen Gesichtspunkte aus zu empfehlen. Der Strafvollzug ist nach streng erzieherischen Gesichtspunkten zu regeln; besondere Anstalten für die schwersten jugendlichen Verbrecher und Besserungsanstalten für minder schwere. (S. 39. 40.)

Hoegel. Während der Zeit der relativen Strafmündigkeit wird oft Warnung unter Vorhalt der Rückfallsfolgen genügen und der Staat kann in derartig leichteren Fällen auf Strafe bedingungslos verzichten.

Kahl 1. Der Verweis ist reichsrechtlich und wirksam zu normieren. Als neue Strafart ist der staatlich kontrollierte Hausarrest zu empfehlen. Einschränkung der Anwendung der Freiheitsstrafe gegen jugendliche Verbrecher; die Freiheitsstrafe muß methodisch auf Erziehung eingerichtet werden.

Die Aussetzung des Strafvollzugs muß für die Jugendlichen besonders geregelt werden; eventuell Überweisung an einen einzelnen Pfleger während des ausgesetzten Strafvollzuges.

Derselbe 2. Kurzzeitige Freiheitsstrafe ist zu vermeiden. Einzelhaft verbunden mit erzieherischer Arbeit an dem jugendlichen Verbrecher sowie bedingte Strafaussetzung müssen zur Anwendung kommen.

Klein. Von den heutigen Strafmitteln sind für Jugendliche geeignet: Zeitlich beschränkte Gefängnisstrafe und eine als custodia honesta zu gestaltende einfache Freiheitsentziehung mit Überwachung der Beschäftigung und Lebensweise, zeitlich beschränkt, aber auf mehr als 3 Monate zulässig. An Stelle der Freiheitsstrafen sind jedoch möglichst Geldstrafe und Verweis zu verwenden, die beide nach Inhalt und Vollzug auszugestalten sind. Für Geldstrafe und Kosten sind eventuell die Gewalthaber als haftbar zu erklären. Jede Freiheitsstrafe ist methodisch einzurichten; für die Beschäftigung sollen nur Rücksichten der Erziehung und des künftigen Fortkommens maßgebend sein. Ernährung und Gesundheitspflege sind dem jugendlichen Körper anzupassen.

Ungeeignete Strafmittel sind: Todesstrafe, Zuchthausstrafe, Überweisung an die Landespolizeibehörde, Verlust der bürgerlichen Ehrenrechte, Polizeiaufsicht, Prügelstrafe, Friedensbürgschaft, Wirtshausverbot, staatlich kontrollierter Hausarrest. (S. 133ff.)

Köhler. Bei längeren Freiheitsstrafen ist ein progressiver Strafvollzug durchzuführen; kurzzeitige Freiheitsstrafen sind in Einzelhaft zu verbüßen. (S. 23. 43f.)

v. Liszt 2. Todesstrafe und Zuchthausstrafe bleiben ausgeschieden. Als Besserungsstrafe empfiehlt sich Gefängnisstrafe von 2—5 Jahren, die in besonderen Anstalten zu verbüßen ist. Die Verurteilung lautet auf unbestimmte Zeit innerhalb der Mindest- und der Höchstgrenze. Eine besondere Behörde entscheidet über den Zeitpunkt der Entlassung; diese ist, wenn sie vor Ablauf des Höchstmaßes von 5 Jahren eintritt, stets als bedingte Entlassung aufzufassen. Die Geldstrafe ist beizubehalten. Der Verweis wird am besten mit der bedingten Verurteilung verbunden. Diese ist reichsrechtlich und zwar im Strafgesetzbuch selbst zu regeln.

Der Strafvollzug ist unbedingt progressiv zu gestalten: zuerst Einzelhaft, dann gemeinsame Tagesarbeit mit nächtlicher Trennung, endlich bedingte Entlassung. (S. 287. 292f. 302.)

Seuffert 1. Die Strafe muß einen vorwiegend erziehlichen Charakter haben. Gesetzlich muß die Trennung der Jugendlichen von den Erwachsenen in der Strafe ausgesprochen werden gemäß § 57 StGB. Die bedingte Verurteilung oder Begnadigung ist zu empfehlen. (S. 36.)

Sichart 1. Die Jugendlichen soll mildere Strafe treffen als die Erwachsenen; sie dürfen nicht mit Zuchthaus bestraft werden.

Stooss 1. Die für die Erwachsenen eingerichtete Freiheitsstrafe paßt nicht für Jugendliche. Kommt ein Jugendlicher mit Erwachsenen in Strafhaft, so ist er dem Verderben überliefert. Das wirksamste

Mittel, Jugendliche straffrei zu halten, ist eine sorgfältige Erziehung und strenge Zucht. Die Art und Dauer der Zwangserziehung soll sich nicht sowohl nach der Schwere des Delikts wie nach dem Erfolge der erzieherischen Maßnahmen richten. (S. 393.)

§ 4.

Zwangs- und Fürsorgeerziehung an Stelle oder neben der Strafe.

Aschaffenburg 2. Es empfiehlt sich folgende Bestimmung (vgl. § 1): In jedem Falle kann bei Jugendlichen statt der Strafe die Fürsorgeerziehung angeordnet werden. (S. 73.)

v. Bar. Als Strafe ist zu empfehlen Verbüßung einer kurzen und strengen Einzelhaft mit nachfolgender Verbringung in eine Besserungsschule oder aber nur Verbringung in eine solche Schule. (S. 7.)

van Calker. Dem Richter soll anheimgegeben werden, neben der Verurteilung zur Freiheitsstrafe stets die Einleitung der Fürsorgeerziehung zu verfügen.

Hahn. Vermehrte Anwendung der Zwangserziehung. (S. 39/40.)

Heine. Die Fürsorgeerziehung hat ergänzend einzugreifen. (S. 33.)

Kahl 1. Fürsorgeerziehung nach der Strafe, aber nicht an Stelle der Strafe.

Kahl 2. Für jugendliche Übeltäter unter 14 Jahren gehört in ausgiebigster Weise die behütende Zwangs- oder Fürsorgeerziehung, deren Eintritt ohne ein zu umständliches Vorverfahren sofort muß erfolgen können.

Klein. Anordnung der Fürsorgeerziehung ist nicht Sache des Straf-, sondern des Vormundschaftsrichters. Der Strafrichter darf nur darauf hinweisen; in ein neues StGB. wäre eine entsprechende Verpflichtung des Strafrichters einzuführen.

Der Vormundschaftsrichter hat die Fürsorgeerziehung anzuordnen und sie mit den zuständigen Verwaltungsbehörden durchzuführen. (S. 134.)

Es gehört zu den Aufgaben des Staates, vorläufig oder endgültig entlassene oder bedingt verurteilte bezw. begnadigte Jugendliche zu behüten und zu bewachen. Die freie Liebestätigkeit reicht nicht hin; vielmehr muß der Staat durch den Vormundschaftsrichter mitwirken. (S. 136.)

Leuss. In den Erziehungsanstalten werden die aus der Verkommenheit stammenden Kinder nur noch verschlechtert; diese Anstalten sind deshalb zu beseitigen. (S. 95/96.)

v. Liszt 2. Zwangserziehung kommt zur Anwendung, wenn nach Ablauf der fünfjährigen Gefängnisstrafe die Gefahr sittlicher Verwahrlosung nicht beseitigt ist. (S. 287. 292f. 302.)

Ortloff. Damit kann man einverstanden sein, daß gegen Jugendliche bis zum vollendeten 14. Lebensjahre wegen strafbarer Handlungen das Zuchtmittel der Zwangserziehung anstatt einer staatlichen Bestrafung angewendet werden soll.

Es ist zu fordern, daß bei strafmündigen Jugendlichen auch neben der Verurteilung zu einer Strafe die Zwangserziehung im Urteil verhängt werden kann. In diesem Falle darf die Verurteilung zu einer Strafe nur eine bedingte sein. Die zwangsweise Unterbringung in einer Erziehungsanstalt muß der Strafverbüßung vorausgehen. Führt sich der Jugendliche in der Anstalt zur Zufriedenheit, so ist von seiner Bestrafung Abstand zu nehmen.

Preetorius. Dem erkennenden Gericht ist bei Aburteilungen jugendlicher Personen wegen Verbrechen oder Vergehen die Pflicht aufzuerlegen, im Urteil auszusprechen, ob Zwangserziehung angebracht ist. Dies hat nicht bloß dann zu geschehen, wenn wegen mangelnder sittlicher Reife auf Freisprechung, sondern auch dann, wenn auf Strafe erkannt wird. Hat das Gericht die Zwangserziehung für angemessen erklärt, so obliegt es der Staatsanwaltschaft, die Einleitung des Zwangserziehungsverfahrens anzuregen.

Rossmy. Die Bestimmungen des Zwangserziehungsgesetzes haben ergänzend einzutreten, wo ein Strafunmündiger oder ein wegen Mangel an Einsicht nicht gerichtlich zu bestrafender Strafmündiger sich eine so schwere Verfehlung hat zu schulden kommen lassen, daß die Strafe, wie sie im Hause und durch die Schule vollzogen werden kann, nicht als eine für die sittliche Besserung des jugendlichen Verbrechers genügend wirksame angesehen werden kann.

Wach 3. Zwangserziehung und Erziehungsstrafe haben dort, wo noch Erziehung notwendig, die Kriminalstrafe zu ersetzen.

§ 5.

Das Postulat der reichsrechtlichen Regelung der Zwangs- und Fürsorgeerziehung.

Burkhardt. Zur Regelung der Zwangserziehung müßte den Vormundschaftsgerichten ein für jeden Regierungsbezirk zu bildendes Erziehungsamt zur Seite gesetzt werden; dieses hätte die Frage zu entscheiden, ob die Erziehung in fremder Familie genügt oder ob Erziehung in besonderen Anstalten angebracht ist. Die Anstalten müssen nach Geschlechtern getrennt sein. Sie haben einen streng konfessionellen Charakter zu tragen. Die Entlassung aus der Anstalt sollte nach Lage des Falles eine vorläufige oder eine definitive sein.

Kahl 1. Reichsrechtliche Regelung des Verhältnisses von Strafe und Erziehung ist anzustreben.

Klein. Die Fürsorgeerziehung muß in ihren Grundzügen reichsrechtlich geregelt werden, aber außerhalb des StGB. und noch vor oder mit dessen Inkrafttreten. (S. 134.)

Preetorius. Die reichsgesetzliche Regelung des Zwangserziehungswesens ist — wenigstens in Form leitender Grundsätze — wünschenswert.

Wach 3. Zwangserziehung und Erziehungsstrafe sind im Zusammenhang mit dem Strafgesetzbuch umfassend reichsrechtlich zu regeln.

Kapitel VII.

Rückfall, Gewerbs- und Gewohnheitsmäßigkeit.

§ 1.

Hat eine Strafschärfung einzutreten, und nach welchen Grundsätzen? Modifizierung des Strafvollzugs.

Aschaffenburg 1. Psychologisch ist als Rückfall die Wiederholung des Verbrechens zu bezeichnen, auch wenn zwischen den beiden Delikten keine Strafe liegt und auch wenn sie nicht gleich sind, sondern den gleichen psychologischen Motiven entspringen; der Nachweis der Vorbestrafung überhaupt verdient daher Berücksichtigung.

Vor allen Dingen ist Abschaffung des Strafmaßes zu erstreben, unbestimmte Strafurteile; doch müßte bei vorläufiger Entlassung wiederholt Rückfälliger die Widerrufsfrist mindestens fünf Jahre betragen.

Wirkungsvoller als durch kurze Freiheitsentziehung könnte der Gewohnheitsverbrecher dadurch gestraft werden, daß er den angerichteten Schaden durch Zwangsarbeit ersetzen müßte.

Den Unverbesserlichen hat dauernde Aussonderung aus der Gesellschaft zu treffen. (Passim.)

Auer 1. Zur Unschädlichmachung der unverbesserlichen Verbrecher soll nur die lebenslängliche Einsperrung dienen, auszuschalten sind Todesstrafe und Deportation. (S. 5. 24.)

v. Bar. Die lebenslängliche Einsperrung der Rückfälligen ist abzulehnen. Die Einteilung der Verbrecher in Gelegenheits-, Gewohnheitsverbrecher und Unverbesserliche ist ziemlich unmöglich. (S. 17f. 23. 30.)

Berolzheimer 1. „Rückfall" kann nur bei Gelegenheitsverbrechern vorliegen, da der Gewohnheitsverbrecher ja dauernd im Verbrechen steht. Gegen rückfällige Gelegenheitsverbrecher kommen in Betracht: Geldstrafe bis zu 20000 Mark, freiwillige Arbeitsleistung von sechs Stunden bis zu sechs Monaten, Ersatzstrafe (im Landgerichtsgefängnis) von einem Tag bis zu zwei Jahren.

Gegen Gewohnheitsverbrecher ist langzeitige Unterbringung in Zuchthauskolonien in Deutschland mit land- oder forstwirtschaftlichem Zweck und Einschließung während der Strafzeit zu verlangen.

Dem Unverbesserlichen, aber nur diesem gegenüber, soll dauernde Ausstoßung aus der Gemeinschaft erfolgen in Form der Todesstrafe, dauernder Deportation oder lebenslänglicher Freiheitsentziehung. (Passim.)

Bovensiepen. Sicher verdient der Gedanke unseres Strafgesetzbuchs, wer mehrere Male hintereinander dasselbe oder ein wesensgleiches Verbrechen begeht, erhält eine besonders harte Strafe, durchaus unsere Billigung. Denn bei solchen Verbrechern liegt dann eine starke Intensivität des verbrecherischen Willens vor, die nur zu leicht oft bei einem ganz geringfügigen Anlaß sich in der gemeingefährlichsten Weise entladet. Nur zu leicht werden dann aus diesen Rückfallsverbrechern Gewohnheitsverbrecher, die in der frechsten Weise „antisozial" das Recht verhöhnen und mit Füßen treten. Diese Schädlinge völlig unschädlich zu machen, ist dann eine Selbsterhaltungspflicht des Staates und der Gesellschaft. Aber nicht immer ist der Rückfällige auch ein solcher unverbesserlicher Gewohnheitsverbrecher. Oft führt ihn nur bittere Not zum Rückfall. Hier versagt nun unser heutiges Strafrecht vollkommen. In ganz widersinniger Weise behandelt es Rückfall nicht als allgemeinen Strafschärfungsgrund, sondern beschränkt ihn auf Raub, Diebstahl, Betrug und Hehlerei. Man führe also im neuen Gesetz ganz allgemein den Rückfall als Strafverschärfungsgrund ein, wenn anders man überhaupt den eigentlichen Maßstab für die Schwere der verwirkten Strafe in der verbrecherischen rechtsverächtlichen Gesinnung des Täters erblickt. Will man aber das Maß der Strafe — wozu heute wohl nur noch wenige geneigt sein möchten — nach dem oft nur rein zufälligen Umfang des Erfolgs, des glatt ausgedrückt „Schadens“ bestimmen, dann sei man auch konsequent und streiche den Rückfall als Strafschärfungsgrund allgemein. Der heutige Stand unseres Strafrechts ist eine widersinnige, leidige Halbheit.

van Calker. Insbesondere wird hier die Zuchthausstrafe in Betracht kommen. Die Verjährungsfrist ist etwa auf 5 Jahre zu verkürzen. Als Höchstmaß der Rückfallstrafe ist, wenn das Delikt im Maximum mit einer 15 jährigen Zuchthausstrafe bedroht ist, lebenslängliche Zuchthausstrafe zuzulassen. Bei den mit Gefängnis oder Festungshaft bedrohten Delikten ist erst der zweite Rückfall als Schärfungsgrund zu normieren.

Gegen das Gewohnheitsverbrechertum sind vorzuschlagen: längere Freiheitsstrafen, ferner Ermächtigung des Strafrichters, gegenüber Personen, die durch wiederholten Rückfall einen gefährlichen verbrecherischen Hang bewiesen haben, im Urteil neben der Strafe die Überweisung an die Landespolizeibehörde zwecks Unterbringung in ein Arbeitshaus auf die Dauer von 1—15 Jahren auszusprechen. (S. 250f.)

Finger. Wiederholte Verübung strafbarer Handlung seitens eines bereits Abgestraften soll nur dort strenger geahndet werden, wo die Wiederholung Ausdruck ist für den Bestand gewisser verbrecherischer Neigungen. (S. 530.)

Frank. Tadelnswert ist, daß im geltenden Strafgesetzbuch die Rückfallsverjährung beim Diebstahl die zwischen der ersten Vorbestrafung und dem zweiten Diebstahl liegende Zeit gänzlich außer Betracht läßt. (S. 328.)

Goldenweiser. Das herrschende System soll ersetzt werden durch ein Fürsorgesystem im Sinne Varghas. („Zur Abschaffung der Strafknechtschaft.“ Graz 1896.) (S. 66.)

Heine. Wie sich in dem Rechtsgefühl des Volkes und der demselben angepaßten herrschenden Praxis ausspricht, ist das von der soziologischen Strafrechtsschule geforderte schärfere Vorgehen gegen das gewerbsmäßige Verbrechertum nicht am Platze, insbesondere da in diesem vor allem ein Produkt gesellschaftlicher Mißstände zu erblicken ist. (S. 31/32.)

v. Hippel. Die dauernde Einsperrung aller unverbesserlichen gemeingefährlichen Gewohnheitsverbrecher auf unbestimmte Zeit ist durchaus wünschenswert. Gegen den gewerbs- und gewohnheitsmäßigen Vagabunden insbesondere muß die Anwendung des Arbeitshauses eine zielbewußtere werden; sie ist auch auf den Bettel aus Arbeitsscheu auszudehnen.

Die Entlassung aus dem Arbeitshause soll kraft Gesetzes regelmäßig als nur vorläufige eintreten (Beurlaubungssystem).

Die Aburteilung der Vagabondage im Wege der polizeilichen Strafverfügung ist zu beseitigen. (S. 29f.)

Kahl 1. Der Rückfall gehört in den „Allgemeinen Teil". (S. 233.)

Derselbe 2. Die Strafschärfung muß auf jede Art von Rückfall, also auch auf die gewohnheits- und gewerbsmäßige Verbrechensbegehung erweitert werden. Der schwereren Rückfallsstrafe muß nachfolgen die Sicherung der Gesellschaft dadurch, daß Subjekte, von denen ein immer erneuter Angriff auf die Rechtsordnung zu erwarten ist, durch Einsperrung im Arbeitshause auf unbestimmte Zeit unschädlich gemacht werden.

Im Kampf gegen das gewerbsmäßige Landstreichertum ist Vermehrung und Weiterausbildung der Arbeiterkolonien erforderlich. Wer die so angebotene Arbeitsgelegenheit ablehnt, ist als arbeitsscheuer Gemeingefährlicher sofort von der Sicherungsgewalt des Staates aufzugreifen, auch ohne besondere strafbare Handlung. (S. 109f.)

Köhler. Die Unterscheidung zwischen Zuchthaus und Gefängnis kann für die Strafzumessung bei Rückfall verwertet werden.

Gewerbs- und Gewohnheitsmäßigkeit ist ohne Rücksicht auf Vorbestrafungen als allgemeiner fakultativer Strafschärfungsgrund anzusehen, aber nur wenn sie gemeingefährlich ist. (S. 19. 56f.)

Kohler 1. Während die Ansicht Lombrosos, daß es kraft innerer und äußerer Beschaffenheit zum Verbrechen vorausbestimmte Typen gäbe, der wissenschaftlichen Grundlage entbehrt, kann doch die Neigung zum Verbrechen durch Erziehung und Umgebung bis zum Charakterfehler gesteigert werden. Gegen diese Gewohnheitsverbrecher bleibt bei Erfolglosigkeit der Zwangserziehung nichts übrig, als sie unter Bewachung zu halten und irgendwie der Menschheit dienstbar zu machen. Das Straf- und Heilmittel der Zukunft ist die Deportation. (S. 150/151.)

Landry. Den Rückfall soll man nicht durch Strafen bekämpfen, sondern durch Besserung und Ausscheidung der Rückfälligen. Alle Individuen, die gemeingefährliche Neigungen zum Ausdruck gebracht haben, sollen von den übrigen Menschen getrennt, unschädlich gemacht werden. (S. 110. 120. 187.)

v. Liszt 1. Gegen den in der nicht notwendig rückfälligen Tat des Zustandsverbrechers sich bekundenden festgewurzelten verbrecherischen Hang muß die Rechtsordnung gesichert werden durch Unschädlichmachung des Verbrechers, als deren Mittel insbesondere

Todesstrafe, lebenslange Freiheitsstrafe, Deportation und Polizeiaufsicht in Verbindung mit geregelter Schutzfürsorge anzusehen sind. (S. 78.)

Derselbe 2. Gegen den gewerbsmäßigen Verbrecher soll, wenn die von ihm begangene Handlung nicht mit einer schwereren Strafe bedroht ist, Zuchthaus nicht unter fünf Jahren, und wenn er bereits einmal wegen gewerbsmäßiger Begehung strafbarer Handlungen verurteilt worden ist, Zuchthaus nicht unter zehn Jahren eintreten. Den gewerbsmäßigen Bettlern und Landstreichern gegenüber ist die Ausbildung des Arbeitshauses zu empfehlen.

Rückfallsschärfung, die wiederholte Vorbestrafungen wegen verwandter Delikte voraussetzt, ist außerhalb des gewerbsmäßigen Verbrechens am Platze. (S. 295 f.)

Meissner. Die Einteilung in Zustands- und Gelegenheitsverbrecher ist nicht erschöpfend, da es zahlreiche Zwischenstufen gibt.

Der in dieser Einteilung zum Ausdruck gebrachten Verschiedenheit der Gesinnung dürfte genügend Rechnung getragen werden, wenn relative Strafbestimmungen den Richter in die Lage setzen, die Gesinnung zu berücksichtigen. (S. 56/57.)

Meyer v. Schauensee. Empfehlenswert ist Überweisung an die Polizeibehörde zwecks Unterbringung von Gewohnheitsverbrechern im Arbeitshaus oder Versorgung von Defektmenschen in einer Spezialanstalt; die Zuchthausstrafe soll teils als zeitliche, teils als lebenslängliche nur gegen Unverbesserliche angewendet werden. (S. 32/33.)

Näcke 2. Ein Teil der delinquierenden Defekten und Minderwertigen, also der regelmäßig Unverbesserlichen, verlangt einen milderen Strafvollzug; solche Subjekte wären am besten dem Adnex für Geisteskranke, wie er sich bereits bei einigen Strafanstalten findet, einzuverleiben. Auch ist der Gedanke der Arbeitskolonien zu erwägen. (S. 46.)

Ostwald. Obgleich eine Reichsarbeitslosenversicherung die jetzigen Zustände bessern wird, wird man Unverbesserliche (insbesondere Landstreicher) in Anstalten ähnlich den Arbeiterkolonien unterbringen müssen, deren Bewohner streng nach ihrer Art zu scheiden wären. (S. 272 f.)

Pelman. Aus dem Fortbestehen der unsinnigen Anschauung, die einen unverbesserlichen Verbrecher für einige Tage einsperrt, droht ernste Gefahr.

Die Gefängnisse und Zuchthäuser werden sich in Spezialasyle aufzulösen haben, in denen die heilbaren Verbrecher ihre Gesundung, die unheilbaren eine lebenslängliche Verwahrung finden werden. (S. 470/71.)

Petersen. Es ist ganz gerechtfertigt, wenn das Strafgesetzbuch den gewerbsmäßigen Diebstahl und den gewerbsmäßigen Betrug nicht als besondere strafrechtliche Begriffe kennt. Aus reiner Liebhaberei wird nur in sehr wenigen Fällen ein Diebstahl oder Betrug begangen; anders liegt es z. B. bei der Wilddieberei. Deshalb muß, mit Rücksicht auf den eingewurzelten Hang zum Verbrechen, der gewerbsmäßige Wilddiebstahl anders behandelt werden als der einfache Wilddiebstahl. (S. 259.)

Pfister. Wo nur durch diese schroffe Maßregel Verbrecher und Gesellschaft vor schwerem Nachteil behütet werden können, darf man vor unbestimmt langer, unter Umständen sogar lebenslänglicher Freiheitsentziehuug nicht zurückscheuen. (S. 374.)

Popper. Die Strafe soll abgeschafft und regelmäßig Abschreckung durch Veröffentlichung eingehender gerichtlicher Resumés über Person und Tat erzielt werden, die zudem der Gesellschaft die Möglichkeit geben, sich selbst zu schützen. In schwereren Fällen, besonders bei Rückfall oder Wahrscheinlichkeit desselben, sollen verstärkte polizeiliche Schutzmittel eintreten: Entziehung gewisser Stellungen, gewisser Gewerbe, Verweisung aus Bezirken, Internierung in solchen, Beaufsichtigung, Isolierung von der menschlichen Gesellschaft. Die Dauer der Maßregel soll eine Jury von Jahr zu Jahr bestimmen. (S. 204f.)

Rosenberg 2. Es kommt darauf an, dem überführten Verbrecher, von welchem neue Verletzungen der Rechtsordnung zu befürchten sind, diejenigen Beschränkungen der persönlichen Freiheit aufzuerlegen, welche den besonderen Umständen des einzelnen Falls entsprechen: z. B. Beschränkung der Gewerbefreiheit, der Freizügigkeit usw. Ergänzend müßte eine gerichtliche Vormundschaft über Verbrecher eintreten. (S. 29/30.)

Schlünkes. Vom Standpunkt der Nächstenliebe erscheinen die geltenden Strafen als ungeeignete und unberechtigte Racheakte. Neben anderen Mitteln soll an ihre Stelle treten Zwangsarbeit unter staatlicher Aufsicht bis zur Besserung, also auf unbestimmte Zeit; bei Gewohnheitsverbrechern müßte diese Beschäftigung in geschlossenen Anstalten, in besonders schweren Fällen unter der Erde in Bergwerken angeordnet werden. (S. 237f.)

Seuffert 1. Der Bekämpfung des Rückfalls wird die Ausdehnung der Einzelhaft förderlich sein.

Für die mehrfach Rückfälligen und namentlich für die nach der Erfahrung als unverbesserlich Erscheinenden ist Arbeitshausstrafe zwischen fünfzehn Jahren und sechs Monaten nötig. Die Arbeitshausgefangenen sind, eventuell auch außerhalb des Arbeitshauses, zu beschäftigen. (S. 78/79.)

Gesetzentwurf: Hat der Verurteilte schon zwei Vorstrafen im Arbeitshause verbüßt, so kann das Gericht, wenn es abermals auf Arbeitshaus erkennt, aussprechen, daß der Verurteilte nach Ablauf der erkannten Strafzeit noch drei Jahre im Arbeitshause verwahrt werden darf; wenn es nach Erstehung dieser „Nachhaft" abermals zu einer Verurteilung zu Arbeitshausstrafe kommt, kann das Gericht Nachhaft bis zu zehn Jahren aussprechen. Über diese Verwahrung nach Ablauf der Strafe entscheidet stets die Zentralgefängniskommission. (S. 80.)

Sichart 1. Dem Rückfall, d. i. Begehung eines gleichen oder gleichartigen Verbrechens nach rechtskräftiger Verurteilung, ist durch Gesetz die Geltung eines allgemeinen Strafmehrungs- bezw. Strafschärfungsgrundes beizulegen, und zwar soll die verwirkte Strafe um ein Viertel vermehrt werden. Bei vorliegendem zweiten Rückfall darf der Richter nicht unter die Hälfte des Höchstbetrages der für das neue Verbrechen angedrohten Strafe herabgehen. Der dritte und jeder weitere Rückfall soll mit dem Maximum der durch das neue Verbrechen verwirkten Strafe getroffen werden.

Der Strafvollzug muß, wenn das Gericht die Überzeugung gewonnen hat, daß die ordentliche Freiheitstrafe (Gefängnis) auch in ihrer längsten Dauer den Angeschuldigten von weiteren Verbrechen nicht abhalten werde, im Zuchthause erfolgen.

Die Rückfallverjährungsfrist beträgt fünf Jahre, bei Bettel und Landstreicherei ein Jahr.

Gegen Unverbesserliche muß das höchste Maß von Strafzwang (Zuchthaus) und zugleich die längste gesetzlich zulässige Dauer der Internierung verfügt werden. Sie sollen kollektive Behandlung erfahren, weil solche für sie keine Gefahren im Gefolge hat und billiger ist. Gegen gefährliche unverbesserliche Subjekte soll Polizeiaufsicht in Anwendung kommen. (Passim.)

Speck. Die Gesellschaft soll gegen die unverbesserlichen und gemeingefährlichen Verbrecher durch deren langzeitige oder dauernde Einsperrung gesichert werden (S. 71.)

Tönnies. Notwendig ist es, daß für Straftaten, die durch Art und Ausführung den Rekruten des Gaunertums, d. h. des gewerbsmäßigen Verbrechertums, verraten, die erste Freiheitsstrafe von möglichst langer Dauer sei, um ihn temporär unfähig zu machen, zu delinquieren und als Infektionsherd zu wirken. (S. 197f.)

Wach 1. Äußerlich, inkonsequent und willkürlich ist die Behandlung des Rückfalls, der Gewerbs- und Gewohnheitsmäßigkeit in unserem Strafgesetzbuch; hier kommt es vielmehr auf die Tenacität der verbrecherischen Strebung an, ein Moment, das zeigt, in welchem Maße das Verbrechen das eigene Selbst des Täters ausprägt. (S. 39/40.)

Derselbe 3. Die lebenslängliche Inhaftierung unverbesserlicher Verbrecher zwecks Sicherung wäre eine ungerechte und grausame Maßregel. (S. 11.)

Wachenfeld. Im Gegensatz zu der willkürlichen Verschiedenheit der Bestimmungen über den Rückfall im Strafgesetzbuch wäre eine gleichmäßige Behandlung und vielleicht umfangreichere Berücksichtigung zu wünschen. (S. 284.)

§ 2.

Sind die Begriffe auch auf die Begehung ungleichartiger Delikte anzuwenden?

v. Bar. Wer, bereits mehrfach wegen bestimmter Delikte (namentlich wegen Diebstahls, Betrugs) bestraft, als Landstreicher oder Arbeitsunlustiger wieder ein derartiges Delikt begeht, soll einer besonders lange dauernden Freiheitsstrafe unterworfen werden. (S. 17f. 23. 30.)

van Calker. Eine prinzipielle und erhebliche Strafschärfung bei allen im Rückfalle begangenen Delikten muß eintreten, wenn sie gleichartig sind oder auf demselben Beweggrunde beruhen. S. 250f. 260.)

Finger. Eine verbrecherische Neigung liegt wohl nur dann vor, wenn die wiederholt verübten Verbrechen eine gewisse Verwandtschaft haben. (S. 530.)

Gauckler. 1. C'est la pluralité de délits, qui doit motiver le traitement spécial, qu'il y ait ou non récidive légale; peu importe notamment que le premier délit ait été ou non puni.

2. La seconde infraction ne motivera un traitement particulier que si la rencontre avec une infraction antérieure permet de conclure à une activité particulièrement malfaisante, ce qui impliquera en géneral que les deux infractions doivent être de même nature on de nature voisine.

3. Les deux infractions doivent se suivre dans un bref délai, car autrement elles se rapportent à des états mentaux complètement différents et ne permettant aucune conclusion relativement au caractère du délinquant. (S. 434.)

Kahl 1. Nicht nur der gleichartige, auch der ungleichartige Rückfall ist zu bedenken, d. h. auch das gewohnheits- und gewerbsmäßige Verbrechertum. (S. 233.)

Köhler. Jeder, auch der ungleichartige, Rückfall soll eine fakultative Schärfung des Strafrahmens zur Folge haben, sofern eine Neigung erkennbar ist, Rechtsgebote außer acht zu lassen. (S. 19. 56f.)

Sichart 1. Unter Rückfall ist zu verstehen die Begehung eines gleichen oder gleichartigen Verbrechens nach rechtskräftiger Verurteilung. (S. 156f. 161. 165. 179f. 188f.)

§ 3.

Die Behandlung unverbesserlicher Gewohnheitsverbrecher.

Aschaffenburg 1. Bei den Gewohnheitsverbrechern ist Stellung unter Polizeiaufsicht fast nutzlos. Der Landespolizeibehörde soll die Möglichkeit gegeben werden, ihr überwiesene Elemente lebenslänglich im Arbeitshause festzuhalten, Besserungsfähige versuchsweise zu entlassen.

Auer 1. An Stelle der Polizeiaufsicht hat Ausbau der Tätigkeit der Fürsorgevereine für entlassene Strafgefangene zu treten.

v. Bar. Gegen professionelle Bettler und ähnliche Personen ist Arbeitshausstrafe empfehlenswert und zwar in gewissem Umfang als unbestimmte, von dem Ermessen einer zu diesem Zweck zu organisierenden Kommission in ihrer Dauer abhängende Strafe. (S. 17ff. 23. 30.)

Berolzheimer 1. Die entlassenen Verbrecher könnten vielleicht mit der Kolonisierung der von kapitalkräftigen Auswanderern nicht begehrten Landstriche in unseren Kolonien beschäftigt werden. (S. 433. 456f. 478. 498.)

van Calker. Der Gedanke der Arbeiterkolonien für gebesserte derartige Elemente und der staatlich überwachten Ansiedelung der Entlassenen in überseeischen Gebieten ist zu erwägen. (S. 250f., 260.)

[Pelman und] Finkelnburg. Für die gemeingefährlichen Defektsmenschen muß man nach Strafablauf Verwahrung in einer Anstalt zur Sicherung der Gesellschaft verlangen. (S. 30.)

Kahl 2. Der Hauptschutz gegen Rückfall ist die Fürsorge für die Entlassenen, eine Pflicht der Gesellschaft. (S. 112f., 119.)

Müller. Was soll nun aber mit den unverbesserlichen Gewohnheitsverbrechern geschehen? Darauf kann es nur eine Antwort geben: man muß sie unschädlich machen! Selbst dann, wenn man die organische Veranlagung dieser Unglücklichen, ihren unwiderstehlichen Hang zum Bösen berücksichtigt, wäre es durchaus verkehrt, ihre Unverantwortlichkeit zu proklamieren und sie in Freiheit zu belassen. Denn sie sind vermöge ihres Charakters immer gefährlich, selbst wenn man sie unter die günstigsten Lebensbedingungen versetzt, und die Gesellschaft muß sich daher gegen ihre Angriffe schützen. Dieses Ziel kann nur dann wirksam erreicht werden, wenn unverbesserliche Gewohnheitsverbrecher dauernd ihrer Freiheit beraubt werden, — zugleich das sicherste Mittel, um ihre Fortpflanzung zu verhüten. Sie dürfen jedoch nicht mit Gelegenheitsverbrechern zusammen interniert werden, weil sie für die letzteren geradezu eine Hochschule des Bösen bilden würden.

Wenn erfahrungsgemäß bei echten Verbrechernaturen alle Besserungsversuche fruchtlos bleiben, weil sie die organische Veranlagung, den unwiderstehlichen Trieb zum Bösen nicht zu ändern vermögen, so darf in bezug auf Gewohnheitsverbrecher behauptet werden, daß sie mit Hilfe der Strafindividualisierung, welche alte und junge, schwere und leichte Verbrecher unterscheidet und die ihrer Eigenart angepaßten Methoden der Disziplin und Beschäftigung zur Anwendung bringt, wieder zu brauchbaren Mitgliedern der Gesellschaft gemacht werden können.

Seuffert 1. Die Fürsorge für die Entlassenen ist nicht Sorge des Strafgesetzgebers, sondern der Gesellschaft. (S. 61 f. 79 f.)

Sichart 1. Von sichernden Maßnahmen dürften zu empfehlen sein: Verwahrung gefährlicher Geisteskranker, Verweisung von Gewohnheitstrinkern in Heilanstalten für Trinker, Wirtshausverbot, Friedensbürgschaft, Verweisung in eine Arbeitsanstalt. (S. 156 f. 161. 165. 179 f. 188 f.)

Stoss 1. Für unverbesserliche Gewohnheitsverbrecher ist die gewöhnliche Freiheitsstrafe unwirksam. Auch die Vollstreckung in einer besonderen Strafanstalt genügt nicht. Da die Gesellschaft vor derartigen Leuten geschützt werden muß, so mache man diese durch dauernde Einschließung unschädlich. (S. 393/4.)

Tönnies. Dem Entlassenen sollte der Staat oder eine andere öffentliche Körperschaft ein freies normalgünstiges Arbeitsverhältnis anbieten, um ihn vor der Versuchung des Rückfalls zu bewahren.

In einem besonderen Abschnitt, nicht im allgemeinen Teil, soll die gewerbsmäßige Begehung von Verbrechen gegen das Vermögen einschließlich der Falschmünzerei, des Bankrottes, des Wuchers und der eigennützigen Brandstiftung unter besondere Sicherungsmaßregeln zwecks Unschädlichmachung gestellt werden. Solche sind

Überweisung an die Polizei, Polizeiaufsicht, nach erneuter verbrecherischer Tätigkeit gerichtliche Ermächtigung der Polizeibehörde, die Freiheit weiter, bis zur Internierung auf unbestimmte Zeit, zu beschränken. Die Aufbewahrungsanstalten müßten als moralische Krankenhäuser eingerichtet werden. (S. 197 f.)

Kapitel VIII.

Einzelne dogmatische Streitfragen.

§ 1.

Notwehr. Notstand. Nötigung. Einwilligung des Verletzten. Berufsrecht.

Alberti. A. berührt die Frage, wie es mit dem Notstand und der Notwehr im künftigen Strafgesetzbuch werden solle und stellt dabei fest, daß es an einer umfassenden Studie hierfür fehle. Bis die Arten der Notstandshandlungen einmal näher gewürdigt sein würden, sei etwa die folgende Bestimmung zu empfehlen: „Geschah eine Tat rechtswidrig, aber wegen drohender überlegener Gewalt, so ist der Richter an die sonstigen Strafminima bezw. Strafarten nicht gebunden. In besonders gelegenen Fällen kann auf Straffreiheit erkannt werden." In letzterem Fall finde dann naturgemäß keine Rückfallbegründung statt. Eventuell käme vorläufige Aussetzung der Bestrafung in Betracht.

Ärztekammer, Kommission für die Revision des StGB. Eine strafbare Handlung ist nicht vorhanden, wenn die Handlung 1. von einem approbierten Arzte in Ausübung seines Berufs innerhalb der Regeln der ärztlichen Wissenschaft und nicht im bewußten Widerspruch mit der freien Willensbestimmung des Verletzten oder dessen gesetzlichen Vertreters begangen wird; 2. von einem approbierten Arzt in Ausübung seines Berufes innerhalb der Regeln der ärztlichen Wissenschaft begangen wird, soweit sie zur Rettung eines anderen aus einer gegenwärtigen, auf ungefährlichere Weise nicht zu beseitigenden Gefahr für Leib oder Leben bestimmt ist. (S. 113 f.)

Assboss. Es ist angezeigt, die von v. Liszt jetzt de lege ferenda vertretene Theorie der Notwehr gegen Menschen und Tiere von vornherein zurückzuweisen. Die jener Theorie zugrunde liegende Abgrenzung gegen den Notstand erscheint als willkürlich. Die Rechtsordnung basiert auf dem Gegensatz der Rechtssubjekte und -objekte: Menschen und Sachen stehen sich rechtlich gegenüber. Woher nimmt man in der Notwehrlehre plötzlich die Berechtigung,

Menschen und Tiere rechtlich auf eine Stufe, und den „leblosen Sachen" gegenüberzustellen?

Es ergibt sich, daß das Postulat des „rechtswidrigen Angriffes" nur mit einer gewaltsamen Auslegung aufrecht zu erhalten ist, daß ferner auch das Erfordernis des „gegenwärtigen Angriffes" unhaltbar ist und seine jetzige Existenz nur vermöge einer weitgehenden Fiktion fristet. Bei unserer bereits stark eingewurzelten, durch die gleichmäßige Wiederholung in den neueren Gesetzen berühmt gewordenen Legaldefinition der Notwehr kann die Rechtsentwicklung nicht bestehen bleiben. (S. 17.)

Auer 3. Verlangt, daß das im BGB. geschaffene Notrecht, welches alle Rechtsgüter schütze, Nothilfe jedes Nächsten zulasse, dabei nur Verletzung von Sachen gestatte, im neuen Strafgesetzbuch ausgebaut werde. Er prüft die einzelnen zu schützenden Rechtsgüter und gelangt dabei zu folgendem Ergebnis: Handelt es sich um die Erhaltung des Lebens, so ist allein das subjektive Prinzip anwendbar; Krieg und Seegefahr bilden natürlich Ausnahmen. Bei Leibesgefahr ist die Sachlage eine gleiche, soweit es sich um ernstere Fälle handelt, in leichteren ist die Abwägungstheorie am Platze. Für alle übrigen Rechtsgüter, Freiheit, Ehre, Vermögen usw. ist die für das Rechtsgebiet des BGB. durchaus berechtigte Beschränkung des Schutzes der Einwirkung auf Sachen durch das StGB. zu erweitern. Betreffs dieser Rechtsgüter ist nur das objektive Prinzip am Platze. „Hier darf die subjektive Not nicht mehr alles entschuldigen. Hier läßt sich nicht nur abwägen, hier muß abgewogen werden."

Weiterhin soll die Notwehr dem Notstand in der Weise genähert werden, daß auch bei der Notwehr Subsidiarität und Proportionalität festgesetzt werde, wobei der grundsätzliche Unterschied, daß dem Recht bei Notwehr Unrecht gegenübersteht, zu beachten ist. Die Proportionalität soll bei der Notwehr noch günstiger für den Angegriffenen sein, als sie bei der „Notwehr gegen Sachen" im § 228 BGB. festgesetzt sei.

Auer hofft, daß das neue Strafgesetzbuch sich die im BGB. angedeuteten Linien eines modernen Notlagerechts zu nutze macht „um einen selbständigen und einheitlichen Notstandsparagraphen des Strafrechtes für das Strafrecht nebst einem etwas christlicheren Notwehrbegriff zu schaffen."

Bauer. Spricht ganz allgemein die Ansicht aus, daß das BGB. die einzelnen Härten und Mängel des StGB. zum größten Tetl beseitigt habe, eine befriedigende und endgültige Regelung des strafrechtlichen Notstandes aber erst durch eine zusammenhängende Revision des Strafgesetzbuches zu erreichen sei.

Behr. 1. Rechtsquelle für den Strafausschließungsgrund bei ärztlichen Eingriffen ist das Gewohnheitsrecht.

2. Strafausschließungsgrund ist die Vornahme des Eingriffes in Anwendung der ärztlichen Norm.

3. Bei Unmöglichkeit der Einwilligungseinholung deckt den Arzt sein subjektiv normgemäßes Vorgehen.

4. Überschreitung der normmäßigen Grenzen wird nicht gedeckt durch die Einwilligung des Patienten.

5. Vornahme einer Operation gegen den nachdrücklichen Willen des Patienten wird nicht straflos durch die an und für sich normmäßige Vornahme des Eingriffes.

6. Auch auf den ausdrücklichen Wunsch des Patienten darf der Arzt eine der ärztlichen Norm offensichtlich widersprechende Operation nicht vornehmen.

Binding. Nicht in allen Fällen der Notwehr (also in einigen) empfiehlt sich die Einführung des Prinzips der Proportionalität. (S. 151.)

Brückmann 3. Gesetzentwurf: Der operative Eingriff bleibt, auch wenn er nicht durch ein Vertragsverhältnis oder die Einwilligung des verfügungsberechtigten Patienten gedeckt ist, straflos in den folgenden Fällen: Wenn er

I. 1. dem wirklichen oder mutmaßlichen Willen des Operierten entspricht;

2. in Ermangelung eines solchen Willens angemessen ist.

II. Ist der Operierte eine willensunfähige Person (Geisteskranke, Geistesschwache) oder ein Kind unter 12 Jahren, bleibt er straflos, wenn er

1. dem Willen des gesetzlichen Vertreters entpricht und angemessen ist;

2. in Ermangelung eines solchen Willens oder Vertreters anmessen ist.

III. Ist der Operierte ein Kind über 12 aber unter 18 Jahren, so bleibt er straflos, wenn er

1. dem Willen des gesetzlichen Vertreters und des Kindes entspricht und angemessen ist.

Befindet sich der Wille des Kindes mit dem des Vertreters nicht im Einklang, so geht derjenige vor, der mit der Angemessenheit übereinstimmt;

2. in Ermangelung des Willens des Kindes dem Willen des Vertreters entspricht und angemessen ist;

3. in Ermangelung des Willens des Vertreters dem Willen des Kindes entspricht und angemessen ist,

4. in Ermangelung eines Willens oder Vertreters angemessen ist. (S. 705—707.)

Graf zu Dohna. Soll ich den Radfahrer, der aus Unvorsichtigkeit auf mein Blumenbeet lossteuert, niederschießen dürfen, wenn ich ihn anders nicht mehr zurückzuhalten vermag? Die Bejahung der Frage erscheint in der Tat kriminalpolitisch höchst bedenklich und doch de lege lata unumgänglich.

Es erscheint in der Tat als eine billige Forderung der Gerechtigkeit, daß sich die Intensität der Abwehr nach dem Grade der dem Angreifer zur Last fallenden Verschuldung abstufe; es erscheint namentlich nicht angemessen, daß der in entschuldbarem Irrtum Handelnde die gleiche Reaktion von der anderen Seite zu gewärtigen habe, wie der arglistige Friedbrecher.

An die lex ferenda möchten wir eine dahin gehende Anforderung stellen. (S. 131, 132.)

Geradezu komisch wirkt die Kumulierung der Übereinstimmung der ärztlichen Tätigkeit mit dem Willen des Patienten und der Angemessenheit des Eingriffes in dem neuerdings von Brückmann beigebrachten Gesetzesvorschlag. (S. oben.) Danach soll bei Vorliegen eines auf die Operation gerichteten Willens dieser Wille entscheidend sein, andernfalls die Angemessenheit. Jener Wille aber wiederum soll, sobald es sich um Minderjährige oder gesetzliche Vertreter Willensunfähiger handelt, nur dann relevant sein, wenn der Eingriff außerdem angemessen ist. Da nun aber der Wille nur in Betracht kommt, wenn der Eingriff angemessen ist, die Angemessenheit aber ausreicht, auch wo es am Willen fehlt, so begreift man gar nicht, wozu die Komplikation des an sich so einfachen Problems eigentlich dienen soll. Brückmann hätte genau dasselbe sehr viel kürzer dahin formulieren können:

„Der operative Eingriff bleibt straflos: 1. wenn er dem wirklichen oder mutmaßlichen Willen des Operierten entspricht, 2. wenn er angemessen ist."

Es leuchtet aber ein, daß die erste Alternative hier gar nicht hergehört, sondern, sofern ihr überhaupt Geltung zukommt, dem Satz „volenti non fit injuria" unterfällt. Denn eine unangemessene Operation kann aus dem Gesichtspunkt der Operation heraus niemals straflos sein. Danach bleibt das Merkmal der Angemessenheit allein übrig. (S. 108.)

In Wirklichkeit ist die Regelung dieser Materie (Einwilligung des Verletzten relevant oder nicht?) heutzutage eine wahrhaft anarchistische, und deshalb ein prinzipieller und allgemein gültiger Gesichtspunkt, wie wir ihn im Vorhergehenden gefunden zu haben glauben, schon an sich ein unbedingtes Erfordernis und eine erste Garantie gleichmäßiger Rechtsanwendung.

Hier aber muß die lex ferenda eingreifen und den im obigen angedeuteten Weg ausbauen und festigen. Inwieweit es ihr gelingen mag, in allgemein gültiger Weise feste Leitsätze herauszuarbeiten, welche die Subsumierung des empirischen Stoffes unter das Gesetz erleichtern und eine jeweils richtige Rechtsprechung gewährleisten, wird das Ergebnis der zu solchem Behufe anzustellenden technischen Erwägungen lehren.

Damit ist der Jurisprudenz eine neue, weitere Aufgabe gestellt. (S. 108.)

Dührssen. Vorgeschlagen werden folgende Bestimmungen:

1. Geschützt gegen strafrechtliche Verfolgung wird derjenige, welcher zum Nutzen eines anderen an demselben mit seiner Einwilligung eine nach Lage der Sache und dem Zustande des Patienten vernünftige Operation resp. Behandlung mit der erforderlichen Sorgfalt und dem nötigen Geschick ausführt. Ob die Operation resp. Behandlung vernünftig und ob sie gut ausgeführt war, darüber ist schon vor Erhebung der Anklage auch mindestens ein von dem Angeschuldigten vorgeschlagener Sachverständiger zu vernehmen.

2. Ist nach den herrschenden Anschauungen die mit Einwilligung des Patienten unternommene Operation resp. Behandlung nicht vernünftig, nicht mit der erforderlichen Sorgfalt und nicht mit dem nötigen Geschick ausgeführt, so soll doch keine strafrechtliche Verfolgung eintreten, wenn durch die Operation resp. Behandlung kein Schaden angerichtet ist. Bei der Beurteilung des Schadens ist zu berücksichtigen, daß ein krankes Glied resp. Organ unter Umständen ein schädliches Glied darstellt, dessen Entfernung dem Körper keinen Schaden, sondern Vorteil bringt. Ein solches Glied kann daher nicht mehr als ein wichtiges angesehen werden.

3. Zur Rettung aus einer gegenwärtigen oder im Laufe der Schwangerschaft resp. der Geburt eintretenden Gefahr für Leib und Leben der Schwangeren darf der Arzt nach erhaltener Einwilligung der Schwangeren die Schwangerschaft unterbrechen oder das lebensfähige Kind töten. Der Eingriff darf nur im Notfall ohne Zuziehung und Billigung des Eingriffes seitens eines zweiten Arztes vorgenommen werden.

4. Bei Bewußtlosigkeit oder Unzurechnungsfähigkeit eines in hoher Lebensgefahr befindlichen Kranken darf der Arzt die Einwilligung des Kranken zu der rettenden Operation präsumieren und diese dann straflos ausführen.

5. Operationen, die der Arzt, in der guten Absicht zu helfen, ohne den Willen oder gegen den momentanen Willen des Kranken ausführt, sind straflos, falls durch sie kein Schaden entstanden ist.

Hold v. Ferneck. Wenn es auch gewiß ist, daß man die Wichtigkeit rechtstheoretischer Ausführungen nicht allzu hoch einschätzen soll, muß man doch einräumen, daß es sich in der Lehre von der Rechtswidrigkeit nicht gerade ausschließlich um Schulfragen handelt. Der Streit um das „Notrecht“ usw. gehört zu den aktuellen Fragen der heutigen Gesetzgebung. (S. 2/3.)

Das Gesetz führt das Wort „rechtswidrig“ in den Tatbestand ein, um diejenigen Fälle auszuscheiden, die nach dem Wortlaut des Gesetzes getroffen werden, ohne daß das Gesetz sie treffen wollte. Hierbei gehen die Gesetze nicht konsequent vor. (S. 395 b.)

Knauer. Verwirft die Trennung des Drohungsnotstandes vom allgemeinen Notstand und verlangt einen einzigen Paragraphen für beide. Die Beschränkung des Notstandes auf Angehörige hält er für zu eng und will dem richterlichen Ermessen dadurch die Möglichkeit einer Ausdehnung geben, daß Nothilfe für nahestehende Personen, insbesondere für Angehörige, gestattet werde. Sodann fordert er, daß nur ein erhebliches Verschulden die Beseitigung der Notstandsvergünstigung herbeiführen dürfe. Es sei ferner ein Notstand der Freiheit, Ehre usw. anzuerkennen, wobei die Güterabwägung des BGB. zu berücksichtigen sei. Dem Notstandsparagraphen sei folgende Fassung zu geben:

„Eine strafbare Handlung ist nicht vorhanden, wenn die Handlung zur Beseitigung einer gegenwärtigen Gefahr für das Leben oder einer gegenwärtiger Lebensgefahr gleichzuachtenden Gefahr für ein anderes Rechtsgut des Täters oder einer ihm nahestehenden Person, insbesondere eines Angehörigen erforderlich war.“

Statt „eine strafbare Handlung ist nicht vorhanden“ kann man auch sagen: Eine strafrechtlich irrelevante Handlung. . . .

Hierauf soll die Angehörigenliste folgen.

Absatz 2: „Eine strafbare Handlung ist auch nicht vorhanden, wenn die Handlung zur Beseitigung einer andern gegenwärtigen Gefahr für die Genannten erforderlich war und der Schaden nicht außer Verhältnis zur Gefahr stand.“

Absatz 3: „Die Straflosigkeit des Notstandes wird durch ein erhebliches Verschulden des Täters oder des Gefährdeten ausgeschlossen.“

Köhler. In Angriff zu nehmen ist eine Ausdehnung des Notstandsrechtes auf alle Fälle drohenden Rechtsverlustes, der durch einen unverhältnismäßig geringeren Eingriff in fremde Rechte vermieden werden kann und nicht auf Grund besonderer Bestimmungen geduldet werden muß. Handelt es sich um drohenden Rechtsverlust, so wird nur für den Fall, daß das Leben bedroht ist, die Vernichtung fremden Lebens für unverboten zu erklären sein, sofern nicht ausnahmsweise auch dieser Rechtsverlust geduldet werden muß. Ist zur Abwehr eines drohenden Rechtsverlustes eine andere verbotene Handlung erforderlich als der Eingriff in fremde subjektive Rechte, z. B. Unterlassung polizeilicher Vorschriften, so soll dieselbe ebenfalls zulässig sein, wenn der den öffentlichen Interessen angerichtete Schaden ein unverhältnismäßig geringer ist. Die Handlung darf nicht mit Verbrechensstrafe bedroht sein und es darf auch keine besondere Pflicht zur Duldung des Rechtsverlustes bestehen.

Als Notwehr gegenüber dem Zurechnungsfähigen soll nach wie vor jede Verteidigungsmaßregel erlaubt sein. Gegenüber dem Unzurechnungsfähigen aber ist der Angegriffene zu verpflichten, einen Eingriff in seine Rechte zu dulden, wenn derselbe unverhältnismäßig geringer ist als der Eingriff in des Angreifers Rechte, welcher zu einer wirksamen Abwehr erforderlich wäre. Also bei Notwehr gegen unvorsätzliche Angriffe ist eine bestimmte Proportionalität zwischen Angriffsübel und Abwehrübel einzuführen.

Angriff von Tieren künftighin zur Notwehr zu rechnen, ist dann kein Bedürfnis mehr.

Viele Tatbestandsmerkmale, deren Sinn mehrdeutig und streitig ist, werden, soweit der Streit kriminalpolitisch von Bedeutung ist, durch Begriffsbestimmungen zu erläutern sein.

Nach dem Beispiel anderer Gesetze (vergl. z. B. das holländ. StGB. Art. 78ff.) empfiehlt es sich, teils in einem Abschnitt des allgemeinen Teiles, teils bei den Abschnitten des besonderen Teiles öfter wiederkehrende Ausdrücke festzulegen, z. B. Widerrechtlichkeit.

Bei der Körperverletzung wird das Recht des Eingriffes zu Heilzwecken und zu Versuchszwecken auf eine gesicherte Grundlage zu stellen sein. Man ist zwar darüber klar, daß der Arzt, welcher mit Einwilligung des Patienten zu dessen Heilung eine geglückte Operation ausgeführt, nicht strafbar handelt, aber Zweifel bestehen darüher, welches der Rechtsgrund dieser Straflosigkeit gegenüber dem Verbote der Körperverletzung ist. Daraus ergibt sich für die Umgrenzung des erlaubten Eingriffes die hochwichtige Frage, welche der oben angeführten Merkmale fehlen dürfen, ohne daß die Straflosigkeit entfiele.

Der Gesetzgeber würde zweckmäßig vielleicht folgende Grundgedanken annehmen: Die Einwilligung in leichte Körperverletzungen schließt deren Rechtswidrigkeit aus. Auf ihre Widerruflichkeit kann nicht verzichtet wird. Einwilligung in einen lebensgefährlichen Eingriff schließt die Rechtswidrigkeit nur aus, wenn der Eingriff zu Heilzwecken und nach den Regeln der ärztlichen Kunst vorgenommen wird. Die Einwilligung darf vermutet werden, sofern nicht nach Lage des Falles anzunehmen ist, daß die Einwilligung dem Willen des Kranken widerspricht. Der Widerspruch eines gesetzlichen Vertreters darf unbeachtet bleiben, wenn die Unterlassung des Eingriffes eine schwere Körperverletzung oder den Tod befürchten läßt und Gefahr im Verzug ist. (S. 46, 47, 67, 72.)

Kohlrausch. Der Versuch, die Fälle der ausdrücklich hervorgehobenen und der nicht hervorgehobenen Rechtswidrigkeit auf einheitliche Prinzipien zurückzuführen, kann vorläufig als gelungen nicht betrachtet werden. (S. 77 f.)

Leisering. Es ist im allgemeinen Teil des StGB. unter den Strafausschließungsgründen folgender Passus aufzunehmen: „Wer sich gegenüber einer gegen ihn oder einen Angehörigen verübten Kränkung auf der Stelle Vergeltung verschafft, kann vom Richter für straffrei erklärt werden.“ Durch die Einfügung der Bestimmung, daß diese Vergeltung „auf der Stelle“ zu erfolgen habe, ist einem Mißbrauch im allgemeinen vorgebeugt. Im übrigen muß es bei der Beurteilung des einzelnen Falles ebenso wie bei der Notwehr in das Ermessen des Richters gestellt werden, zu entscheiden, ob eine Selbsthilfe in dem vorliegenden Falle gerechtfertigt war und ob die Art und das Maß ihrer Ausübung der Sachlage angepaßt gewesen sei, so daß Straflosigkeit einzutreten habe.

Liepmann. In allen Fällen der Notwehr ist das Prinzip der Proportionalität zu befürworten. (S. 184 f.)

v. Liszt 1. Nur die Notwehr wird gegen Ende des 18. Jahrhunderts begrifflich genau abgegrenzt. Ihr folgt der Notstand, aber ohne bisher zu befriedigendem Abschluß zu gelangen. Die übrigen Ausschließungsgründe der Rechtswidrigkeit harren zum weitaus größten Teile der begrifflichen Klarlegung. Die Gesetzbücher verzichten darauf, sie festzustellen und die Wissenschaft muß sich gestehen, daß ihre Ergebnisse nur teilweise reif für gesetzgeberische Verwertung ist.

Das Strafgesetzbuch behandelt die Lehre von der Rechtswidrigkeit ohne jede innere Folgerichtigkeit; es hebt bei einer einzelnen strafbaren Handlung eine ganze Reihe von Umständen ausdrücklich hervor, die nicht nur hier sondern überall die Rechtswidrigkeit ausschließen; es regelt in seinem allgemeinen Teil die Behandlung der Notwehr und des Notstandes, verzichtet aber auf die Regelung der zahlreichen und wichtigen andern Fälle, in welchen die Rechtswidrigkeit des in Frage stehenden Tuns oder Unterlassens als ausgeschlossen erscheint. Eine scharfe und den Bedürfnissen des Rechtslebens entsprechende Ausbildung des Notstandsbegriffes suchen wir in der Wissenschaft ebenso vergeblich wie in der Gesetzgebung.

Die Frage ob die Notstandshandlung rechtswidrig und bloß straflos oder rechtsmäßig ist, ist sehr bestritten. Das BGB. hat in den von ihm behandelten Fällen ein Notrecht gewährt und damit die Frage entschieden. Der durch den Gefährdeten Angegriffene befindet sich daher nicht in Notwehr, sondern im Notstand. Die Streitfrage bleibt dagegen für die §§ 52 und 54 StGB. ungelöst. Will man auf die einheitliche Behandlung des Notstandes nicht völlig verzichten, so muß man auch hier Ausschluß der Rechtswidrigkeit annehmen.

Bei dem heutigen Stande der Gesetzgebung bietetet die Abgrenzung fast überall bedeutende Schwierigkeiten. (S. 143 f., 153.)

Olshausen. Die Ausdrucksweise „außer dem Falle der Notwehr" wäre besser vermieden, da die Worte völlig überflüssig und für die tatsächliche Feststellung eines Notstandes bedeutungslos sind. (§ 54[2].)

Oppenhoff. Die Worte „außer dem Fall der Notwehr" sind überflüssig und bedeutungslos. Es liegt für den Instanzrichter keine Veranlassung vor, in betreff ihrer eine Feststellung zu treffen. (§ 54[1].)

Seuffert 1. Tritt u. a. dafür ein, daß einzelne Tatbestände angesichts der Kontroversen, denen das bestehende Recht begegnet ist, klarer als bisher abgegrenzt, vielleicht auch einzelne der gebrauchten Begriffe (z. B. bei der Notwehr: widerrechtlich) bestimmt werden sollen. (S. 17.)

Würzburger. W. glaubt, daß das Inkrafttreten des BGB. für das Notstandrecht mehr als die ausgiebigste Revision des Strafrechtes bedeute, weil das BGB. zum ersten Male ein klares Notrecht geschaffen und damit die Unterlage für die angemessene Regelung des strafrechtlichen Notstandes geschaffen hat. Schon jetzt muß der Strafrichter eine Handlung straflos lassen, wenn die Voraussetzungen der §§ 228 und 904 BGB. zutreffen. Es sei nicht notwendig, daß auch die sonstigen Bedingungen, welche das BGB. vorschreibt, erfüllt seien.

Für die Kompetenz beider Gesetzbücher stellt W. folgendes Schema auf:

1. Eine Notstandshandlung ist rechtmäßig und daher straflos, wenn a) sie besteht in einer Sachgüterverletzung, b) die geforderte Verhältnismäßigkeit vorliegt.

2. Eine Notstandshandlung ist straflos, trotz ihrer Rechtswidrigkeit, wenn sie erfolgt a) in einer Gefahr für Leib und Leben, b) von dem Täter selbst oder einem nahen Angehörigen, c) in einem unverschuldeten Notstand.

§ 2.

Antragsdelikte.

v. Liszt 1. Bei genauerer Betrachtung müßten die Antragsvergehen in zwei nach Inhalt und Behandlung wesentlich verschiedene Gruppen zerlegt werden.

1. Gewisse Rechtsgüterverletzungen erscheinen nur dann als solche, sind nur dann für die öffentliche Rechtsordnung von Bedeutung, wenn der Verletzte sie als Verletzung empfindet und, daß er dies tut, in vorgeschriebener Form (durch den „Antrag“ auf Verfolgung) erkärt. Hier ist die Stellung des Antrages Bedingung der Strafbarkeit; die Befristung des Antrages hat guten Grund; die Rücknahme müßte (etwa bis zu Beginn der Hauptverhandlung) gestattet, die Teilbarkeit ausgeschlossen sein; Fehlen des Antrages müßte Freisprechung mit endgültiger Erledigung der Strafsache zur Folge haben; die Berechtigungen mehrerer Verletzter wären voneinander unabhängig; bei Idealkonkurrenz mit einem von Amts wegen zu verfolgenden Verbrechen könnte dieses auch trotz mangelnden Antrages verfolgt werden usw.

2. Bei der zweiten Gruppe der Antragsfälle liegt die Sache durchaus anders. Hier ist der Antrag nicht Bedingung der Strafbarkeit der Tat, sondern Voraussetzung der Geltendmachung des staatlichen Strafanspruches, mithin Prozeßvoraussetzung.

Die ganze Lehre von diesen Antragsdelikten würde gar nicht ins Strafrecht, sondern in das Strafprozeßrecht gehören. (S. 196/197.)

Der Fehler des Gesetzgebers liegt darin, daß er die beiden Arten der Antragsvergehen nicht unterscheidet. (S. 136 A. 1.)

Ortloff. Der Kreis der Antragsdelikte ist, wie mit Recht von vielen Seiten gefordert wird, zu erweitern, soweit das öffentliche Rechtsschutzbedürfnis nicht vorwiegend vor dem Privatrechtsschutz hervortritt.

§ 3.

Verjährung.

v. Bar. Für Delikte, die einen äußerlich wahrnehmbaren, längere Zeit bleibenden Tatbestand nicht herbeigeführt haben, empfiehlt sich die Einführung einer besonders kurzen Verjährungsfrist, insbesondere bei Beleidigung durch mündliche Rede. Der Beweis ist hier nach längerer Zeit problematisch, der Schaden des Verletzten bei spät erfolgender Entdeckung geringfügig oder gar imaginär. (S. 33.)

Kahl 1. Zweifellos wird die Verjährung der Strafverfolgung hinsichtlich der allgemeinen Bedingungen wie hinsichtlich des Zeitpunktes des Beginnes der Verjährung mit Rücksicht auf wichtige Streitfragen der Praxis zu revidieren sein. (S. 222.)

Köhler. Faßt man die Verjährung auf als eine Frist für ein staatliches Interesse an der Bestrafung und für das anzunehmende Erlöschen des Dissonanzgefühls, welches die unvergoltene Tat entstehen läßt und welches als Gefühl einer zu tilgenden Schuld auch beim Täter normalerweise abnimmt, so geht die Forderung an den Gesetzgeber dahin, die Unterbrechung der Verjährung aufzuheben oder sie doch nur in beschränktem Maße zuzulassen. Nur während des ungehemmten Laufs der Verhandlung soll die Verjährung ruhen, sonst nicht. Solche Festsetzung eines für die Regel ununterbrochenen Fristenlaufs soll die Staatsanwälte verhindern, den Ablauf der Verjährung durch Veranlassung aller möglichen unterbrechenden richterlichen Handlungen hinauszuschieben.

Die Verjährungsfrist soll nicht beginnen mit Beendigung der Tätigkeit, auch nicht mit Eintritt des Vollendungserfolgs. Ist es im ersteren Fall denkbar, daß der Täter den Lauf der Frist wesentlich abkürzt (z. B. Vergiftung), so entspricht im zweiten oft das Hinausschieben des Fristbeginns nicht dem erforderlichen Sühnebedürfnis (z. B. fahrlässige leichte Delikte). Die Verjährung soll beginnen mit dem Zeitpunkte, in welchem der Täter den Erfolg nicht mehr hindern konnte, bei fahrlässigen Delikten spätestens 3 Jahre nach Beendigung der Tätigkeit, sofern nicht schon früher die Verhinderung des Erfolgs möglich wurde.

Die Verjährungsfrist für die leichteren Vergehen ist abzukürzen und etwas mehr abzustufen. Bei Vergehen, welche mit 3 Monaten Freiheitsstrafe bedroht sind, soll die Verjährung 6 Monate, bei 1 Jahr Strafandrohung $1^1/_2$ Jahre betragen. (S. 60.)

Sichart 1. Die einzelnen Bestimmungen des RStGB. über Verjährung bedürfen einer Veränderung nur insoweit, als sie mit Notwendigkeit aus der event. Umwandlung des Freiheitsstrafensystems gefolgert werden muß. (S. 186.)

Verein für Humanität in Magdeburg. Schlägt vor, dem StGB. einen Paragraphen etwa folgenden Inhaltes einzufügen:

Personen, welche wegen eines Vergehens (Diebstahl event. ausgeschlossen) nur mit einer Geldstrafe in der Höhe bis zu 300 M. (event. höher) bestraft sind und sich während der auf diese Bestrafung folgenden zehn (event. fünfzehn) Jahre gut geführt haben und wegen desselben oder eines ähnlichen Reates nicht wieder bestraft werden, kann auf Antrag durch den zuständigen Justizminister (event. Landesherrn) diese Strafe durch Streichung derselben aus den Personalakten erlassen werden. Eine Rückvergütung der bezahlten Strafe, sowie der sonst erlangten Kosten findet indessen nicht statt.

Etwas positiver faßt eine zweite Petition die Materie an, indem sie eine gesetzliche Bestimmung erstrebt, nach der nicht allein die Verfolgung von Straftaten in bestimmten Fristen verjährt, sondern auch verbüßte Strafen der Verjährung unterliegen. Diese Petition schlägt vor, dem § 72 des StGB. einen § 72a zuzufügen des Inhaltes:

Verbüßte Strafen verjähren ein für allemal nach Ablauf der doppelten Frist, welche für die Verfolgung der analogen Vergehen oder Verbrechen im Gesetze vorgesehen sind. Diese Verjährung hat die Wirkung, daß der Bestrafte, wenn er sich seit seiner Verurteilung innerhalb der bezüglichen Frist nicht wieder strafbar gemacht hat, überall, insonderheit vor Behörden oder Gerichten, als unbestraft gilt.

§ 4.

Versuch.

v. Bar. Der Versuch ist nicht gleich der Vollendung zu strafen, denn wir wissen nicht, ob wirklich nur der Zufall die Vollendung gehindert hat. Auch ist der Eindruck der vollendeten Tat ein anderer. (S. 24.)

v. Bülow. In der Lehre vom Versuch mit untauglichen Mitteln oder am untauglichen Objekt muß der Gesetzgeber mehr Klarheit geben und feste Stellung nehmen; die Praxis soll nur das Gesetz anwenden, nicht es machen; denn es gilt der Satz: nulla poena sine lege. (S. 411.)

Delaquis. Es besteht eine absolute Notwendigkeit, in einem neuen StGB. gegenüber der Frage des untauglichen Versuchs Farbe zu bekennen (S. 2) und zwar sind folgende Sätze zugrunde zu legen:

1. Jeder Versuch ist strafbar, doch soll die Strafe in der Regel eine mildere sein, als die des vollendeten Verbrechens.

2. Straflos bleibt der Versuch, bei dem die Wahl des Objekts oder des Mittels auf „grober Unwissenheit“ oder „rohem Aberglauben“ beruht. Straflos wird der Versuch bei Rücktritt und tätiger Reue. Straflos bleibt außerdem naturgemäß das Putativdelikt.

3. Die Strafe des untauglichen Versuchs soll noch milder sein als die des gewöhnlichen Versuchs. Der Richter muß aber die Möglichkeit haben, auch in jenen Fällen bis zur Strafe des gewöhnlichen Versuchs hinaufgehen zu können.

4. Das fehlgeschlagene Verbrechen steht — wird es überhaupt gesetzlich geregelt — mit seiner fakultativen Strafmilderung zwischen gewöhnlichem Versuch und Vollendung. Wird es nicht gesetzlich geregelt, so würde sich diese Stellung wohl von selbst ergeben. (S. 241.)

Gesetzesvorschläge s. S. 320 ff.

Deutsches Reich, Landesgruppe der Internationalen Kriminalistischen Vereinigung. Folgende Thesen wurden von der Versammlung angenommen:

1. Die Aufnahme einer Versuchsdefinition in das Strafgesetzbuch ist wünschenswert.
2. Diese Definition hat sich von dem überlieferten „Anfang der Ausführung" freizumachen.
3. Der Versuch ist nur in denjenigen Fällen strafbar, in welchen das Gesetz dies bestimmt.
4. Die Strafbarkeit des Versuchs ist grundsätzlich dieselbe wie die der Vollendung, vorbehaltlich einer zu begrenzenden richterlichen Ermäßigungsbefugnis.
5. Bei Versuchsreue tritt Straflosigkeit ein für denjenigen Beteiligten, der sie betätigt hat. (S. 508.)

Garraud. Pour déterminer les éléments de la tentative punissable, il faut retenir comme tels les actes impliquant la manifestation d'une intention criminelle certaine et irrévocable.

Mais, dès que l'agent a ainsi manifesté sa volonté, le résultat, le but comme les moyens sont indifférents, et il n'y a aucune distinction à faire entre la tentative et le délit consommé, entre la tentative qui pouvait aboutir et celle, qui ne pouvait pas aboutir. (S. 102.)

Kahl 1. Im Abschnitt vom Versuch kann der Gesetzgeber seine frühere Enthaltsamkeit zugunsten der Wissenschaft nicht aufrecht erhalten; er muß über die Strafbarkeit des untauglichen Versuchs eine positive rechtliche Entscheidung treffen. Der Versuch ist milder zu bestrafen als die Vollendung; bei aller Berücksichtigung der Gesinnung kann man doch nicht den anderen Wertmesser der Strafe, den objektiven Erfolg, unterschätzen und zu sehr zurückdrängen. (S. 221 f.)

Köhler. Es wäre ein Rückschritt, wollte man beim Versuch die Tatsache außer Betracht lassen, daß die Bedeutung eines Verbrechens nicht ausschließlich in der Betätigung einer verbrecherischen Gesinnung, sondern auch in der Verursachung eines Schadens für Rechtsgüter besteht. Der Erfolg ist erfahrungsgemäß eines der besten Mittel zur Erkenntnis der Ausdehnung einer verbrecherischen

Willensrichtung. Das bisherige Prinzip: Der Versuch ist milder zu strafen als die Vollendung, dürfte das Richtige treffen. Hinsichtlich des Grades der Milderung erscheint es richtiger, für alle Strafdrohungen vorzuschreiben, daß die Strafe für Versuch das Höchstmaß der Strafe für das vollendete Verbrechen nicht erreichen dürfe. Statt der Todesstrafe wäre im Falle des Versuchs darnach das Höchstmaß lebenslängliche Zuchthausstrafe, statt der lebenslänglichen Zuchthausstrafe wäre es 20jähriges Zuchthaus. Die Zulassung der Herabsetzung des Strafminimums bis auf ein Viertel gleich dem bisherigen Rechte ist zwar bedeutend, erscheint aber im Hinblick darauf als angemessen, daß bei manchen Delikten mit dem Wegfall des Erfolges die Bedeutung des Geschehenen ganz wesentlich herabsinkt. Das Prinzip, den Versuch bei allen Übertretungen straflos zu lassen, ist gleichfalls als richtig beizubehalten. Dagegen ist die Frage der Ausdehnung der Strafarbeit des Versuchs auf alle vorsätzlichen Vergehen sehr erwägenswert. Gesetzlicher Regelung ist die Frage des untauglichen Versuches bedürftig. Vielleicht ließe sie sich dahin erzielen, daß der untaugliche Versuch strafbar ist, falls der Täter mit seiner Aufführungshandlung vorsätzlich bereits den Boden des Rechtswidrigen in der Richtung auf den gewollten Erfog betreten hat, d. h. falls seine Versuchshandlung bereits einen verbotenen Durchgangspunkt bildet für den im Einzelfall vorgestellten Erfolg. (S. 50f.)

v. Liszt 2. Bei der Behandlung des Versuchs wird die grundsätzliche Gleichstellung der Versuchsstrafe und der Vollendungsstrafe, bei Behandlung der Teilnahme die grundsätzliche Gleichstellung des Gehilfen und des Täters als notwendig sich ergeben. (S. 288.)

Miler. Prinzipiell ist der Versuch mit derselben Strafe, mit welcher auch das vollendete Verbrechen zu bestrafen; dem Richter muß freie Hand gelassen werden, was die Applikation der Strafe mit Rücksicht auf das bisherige Handeln und die verbrecherische Intensität des Willens betrifft. Man bestimme also: Der Versuch wird bestraft wie das vollendete Verbrechen mit eventueller Anwendung des gesetzlich bestimmten Milderungsumstandes, bei welchen zwei Momente zu berücksichtigen sind: die Tat und der Täter. (S. 77.)

Seuffert 1. Mit der Erfolgsfrage hängt die Versuchsfrage zusammen. Das Ausbleiben des Erfolges kann mit einer geringeren Sorgfalt der Vorbereitung, mit einer Unsicherheit in der Ausführung des Verbrechens zusammenhängen, welche auf einen geringeren Grad verbrecherischer Energie hinweisen. Im Versuch kann sich aber auch die ganze Bosheit und Entschlossenheit des Verbrechens äußern. Deshalb ist es angezeigt, die volle Strafe der Tat auch beim Versuch möglich zu machen und nur ein Milderungsrecht zuzulassen. (S. 52 f.)

Seuffert 2. § 1. Versuch im Sinne der Strafgesetze ist anzunehmen, wenn jemand den Entschluß, ein Verbrechen zu verüben, ernsthaft, aber ohne den zum Verbrechen gehörigen Erfolg betätigt hat.

Als eine ernsthafte Betätigung ist es nicht anzusehen, wenn der Täter abergläubische oder wissentlich solche Mittel angewendet hat, welche nur nach seiner Einbildung, aber nicht nach der Erfahrung zur Betätigung des Verbrechensentschlusses geeignet sein konnten.

§ 2. Der Versuch wird nur bei denjenigen Verbrechen bestraft, bei welchen das Gesetz dies ausdrücklich bestimmt.

§ 3. Das versuchte Verbrechen ist nach demjenigen Gesetze zu bestrafen, welches auf das vollendete Verbrechen Anwendung findet.

§ 4. Ist das vollendete Verbrechen mit Freiheitsstrafe nicht unter zehn Jahren oder mit einer höheren Strafe bedroht, so darf die Strafe des Versuchs, wenn der Fall ein minder schwerer ist, auf Freiheitsstrafe nicht unter drei Jahre herabgesetzt werden. (S. 480.)

§ 5. Ist das Ausbleiben des Erfolges auf den freien Willen eines Beteiligten zurückzuführen, ist namentlich die Abwendung des Erfolges durch einen Beteiligten freiwillig bewirkt worden (Versuchsreue), so tritt für diesen Beteiligten Straflosigkeit ein.

Straflosigkeit tritt nicht ein, wenn die Versuchsreue erst erfolgte, nachdem der Beteiligte von der Erstattung einer Strafanzeige, Stellung eines Strafantrages oder Einleitung eines behördlichen Verfahrens Kenntnis erhalten hatte.

Sichart 1. Der Versuch wird im deutschen Reichsstrafgesetzbuche als allgemeiner Strafmilderungsgrund behandelt, gegen welche Auffassung von den Verteidigern der Zweckstrafe keinerlei Einwendung erhoben werden wird. Dennoch läßt sich die Frage aufwerfen, ob nicht durch präzisere Fassung des § 44 Abs. 4 des RStGB. der weite Spielraum, der durch ihn dem richterlichen Ermessen gelassen ist, in mehr bestimmte Grenzen im Interesse gleichheitlicher Rechtsprechung gewiesen werden solle, und zwar in der Weise, daß die für die Vollendung eines Verbrechens gesetzlich normierten Strafrahmen nach oben wie nach unten etwa auf ein Viertel reduziert und der Richter angewiesen würde, innerhalb der auf solchem Wege gewonnenen Grenzen nach den allgemeinen Grundsätzen über Strafzumessung die Strafe für das versuchte Verbrechen zu finden. In solcher Weise wäre dem richterlichen Ermessen immer noch ein ziemlicher Spielraum gelassen, innerhalb dessen den verschiedenen Stadien und Graden des Versuches seiner größern oder kleinern Annäherung an die Vollendung in sachgemäßer Weise Rechnung getragen werden könnte. Dem § 44 des RStGB. wäre demgemäß im Abs. 4 folgende Fassung zu geben:

„In den übrigen Fällen werden für das versuchte Verbrechen die für das vollendete Verbrechen im Gesetz gezogenen Grenzen auf ein Viertel herabgesetzt.“ (S. 181 f.)

Wach 3. Große Fülle von Verkehrtheit steckt in der Behandlung des Versuchs, namentlich der kasuistischen Unterscheidung des strafbaren und straflosen Versuchs. (S. 17.)

§ 5.

Tätige Reue.

v. Liszt 1. v. Liszt macht darauf aufmerksam, daß fremde Rechte (Österreich 1852, Sachsen 1868) bei Vermögensverbrechen dem Ersatze des Schadens bezw. der Rückgabe des Entwendeten straftilgende Wirkung einräumten. (S. 288.)

§ 6.

Teilnahme. Beihülfe.

v. Bar. Prinzipiell gleiche Bestrafung der sämtlichen Teilnehmer eines Deliktes hält v. Bar für einen Irrweg. Mag es auch in zahlreichen Fällen schwer sein, die verschiedenen Arten der Teilnahme zu unterscheiden, so stellen doch allmählich sich immer mehr leitende Gesichtspunkte heraus, die einem schrankenlosen richterlichen Ermessen vorzuziehen sind, das in der jedenfalls als notwendig anzuerkennenden Zulassung mildernder Umstände liegt, wenn nach Ansicht des Richters die Mitwirkung des einzelnen Teilnehmers eine unbedeutendere war. (S. 32/33.)

Deutsches Reich, Landesgruppe der Internationalen Kriminalistischen Vereinigung. Folgende Thesen wurden angenommen:

1. Wenn zur Verübung einer strafbaren Handlung mehrere Personen vorsätzlich zusammenwirken, so trifft die auf die Handlung angedrohte Strafe jeden Teilnehmer (Täter, Mittäter, Anstifter, Gehilfen).

2. Die Gerichte sind jedoch zu ermächtigen, die Strafe derjenigen Teilnehmer, deren Schuld sich als eine geringere herausstellt, in einem gesetzlich zu bestimmenden Maße herabzusetzen.

3. Mißlingt die Anstiftung oder kommt es ohne Zutun desjenigen, der die Anstiftung unternommen hat, nicht zur Ausführung der Tat,

zu der angestiftet wurde, so tritt Strafe nur in den gesetzlich vorgesehenen Fällen ein; es ist jedoch zu wünschen, daß eine solche Bestimmung in Ansehung aller schwereren Verbrechen getroffen wird. (S. 545.)

Garraud. Quand plusieurs individus participent à la perpétration d'un délit, chacun doit avoir sa responsabilité propre et être puni non par rapport à ce qu'il a fait, mais par rapport à ce qu'il a voulu faire. (S. 102.)

Harburger. 1. Wenn zur Verübung einer strafbaren Handlung mehrere Personen vorsätzlich zusammenwirken, so trifft die auf die Handlung angedrohte Strafe jeden Teilnehmer (Mittäter, Anstifter, Gehilfen.)

2. Die Gerichte sind jedoch zu ermächtigen, die Strafe derjenigen Teilnehmer, deren Schuld sich als eine geringere herausstellt, insbesondere derjenigen, welche nur Hilfe geleistet haben, in einem gesetzlich zu bestimmenden Maße herabzusetzen.

3. Mißlingt die Anstiftung oder kommt es ohne Zutun desjenigen, der die Anstiftung unternommen hat, nicht zur Ausführung der Tat, zu der angestiftet wurde, so tritt Strafe nur in den gesetzlich vorgesehenen Fällen ein; es ist jedoch zu wünschen, daß eine solche Bestimmung in Ansehung aller schwereren Verbrechen getroffen werde. (S. 512/513.)

Internationale Kriminalistische Vereinigung. Folgende These wurde angenommen: Quant à la question de la complicité, la loi devra abandonner toute distinction doctrinaire entre ceux qui ont participé au même crime et se borner à indiquer les modes de participation qu'elle considérera comme tels. (S. 137.)

Kahl 1. In der Lehre von der Teilnahme werden, abgesehen von noch viel tiefer liegenden Reformfragen, die Ungereimtheiten des § 49a zu beseitigen sein. (S. 221 f.)

Köhler. In bezug auf die Teilnahme wird der Gesetzgeber am richtigsten verfahren, wenn er eine Vereinigung zwischen dem subjektiven und dem objektiven Standpunkt anstrebt. Diejenigen, die nicht ausführen, können nach wie vor in Anstifter und Gehilfen geschieden werden. Bei denjenigen Mitwirkenden, welche sich an der Ausführung beteiligen, kann ebenfalls eine Ausscheidung vorgenommen werden, indem man eine Gruppe derselben von den Tätern lostrennt und den anderen Gehilfen beigesellt. Je nachdem es dem Mitwirkenden mehr darauf ankam, die Tat ausgeführt zu sehen, oder darauf, einem Genossen dienstbar zu sein, wäre Täterschaft bezw. Anstiftung auf der einen Seite oder aber Beihilfe anzunehmen. Insoweit kann auf die subjektive Scheidung der Mitwirkenden nach dem animus auctoris und dem animus adiutoris Rücksicht genommen werden. Der Strafrahmen des Gehilfen ist niedriger anzusetzen als der des Täters und Anstifters. Die Rücksicht auf die objektive Beitragsgröße läßt es außerdem sehr erwägenswert erscheinen, ob nicht nach italienischem Vorbild auch der Strafrahmen für den Anstifter um ein geringes niedriger anzusetzen ist als der des Täters. Denn generell betrachtet fehlt für ihn bei im übrigen gleich schwerer Willensschuld doch das Vorhandensein eigener Ausführungstätigkeit. Unter sonst gleichen Umständen ist aber das Ausführen eines Verbrechens ein schwererer objektiver Erfolg, als die Einwirkung auf einen Zurechnungsfähigen, er möge das Verbrechen begehen. (S. 50f.)

v. Liszt 2. Bei Behandlung der Teilnahme wird die grundsätzliche Gleichstellung des Gehilfen und des Täters sich ergeben. (S. 288.)

Miler. Man kann den Vorsatz aller Teilnehmer nicht identifizieren; bei der Teilnahme besteht keine Einheit des Vorsatzes und damit fällt auch die Einheit der Schuld. Anstiftung ist nur ein besonderer Fall der Täterschaft.

Es empfiehlt sich daher der § 58 des norwegischen Entwurfes: Haben mehrere zu einem strafbaren Zweck zusammengewirkt und ist die Mitwirkung eines einzelnen entweder im wesentlichen durch seine Abhängigkeit von einem anderen der Beteiligten veranlaßt worden oder im Verhältnis zu der anderer von geringerer Bedeutung gewesen, so kann in Hinsicht seiner die Strafe unter das angedrohte Mindestmaß oder auf eine mildere Strafart herabgesetzt werden. (S. 80.)

Seuffert 1. Mit der Erfolgsfrage steht weiter in einem gewissen Zusammenhange die Behandlung der Teilnehmer an einem Verbrechen. Mittäter und Anstifter werden im deutschen Strafrechte nach dem nämlichen Gesetze wie der Alleintäter bestraft; der Gehilfe ist grundsätzlich milder zu bestrafen als der Täter. In vielen Fällen macht die Unterscheidung von Mittäterschaft und Beihilfeleistung keine Schwierigkeit; aber es gibt Grenzfälle, bei denen die Unterscheidung nicht durch ein logisches Urteil, sondern nur auf Grund einer Quantitätsempfindung gemacht werden kann. Je nachdem man mehr Gewicht auf den äußeren Anteil bei der Verübung des Verbrechens oder auf das Interesse an der Verübung legt, wird man den Teilnehmer als Gehilfen oder Mittäter behanden. Es wird nie gelingen, Merkmale aufzustellen, welche in begrifflicher Allgemeinheit die Hilfeleistung während der Ausführung der Tat von der Mittäterschaft zu trennen. Schon deshalb empfiehlt sich die grundsätzliche Differenzierung von Hilfeleistung und Mittäterschaft in der Strafe nicht. Sie empfiehlt sich aber auch deshalb nicht, weil der, der die Rolle des Helfers übernommen hat, der Hauptinteressierte und Strafbedürftigste von allen Beteiligten sein kann. Hier erachtet Seuffert die Bestimmungen des bayerischen Strafgesetzbuches von 1861 für die besten, welche dem Prinzip des französischen Rechtes folgten, aber in Fällen, die nur als Hilfeleistung erachtet werden, eine Strafmilderung zuließen. (S. 52f.)

Sichart 1. Die Art und Weise der Beteiligung an der Verübung einer strafbaren Handlung beeinflußt den Grad der subjektiven Strafbarkeit. Die Tat selbst ist die gleiche, ob sie von einem oder mehreren begangen wurde, ob die mehreren sich in gleicher oder in verschiedener Weise an ihr beteiligten; es gilt deshalb auch für die strafbare Tätigkeit jedes Teilnehmers der für das gemeinsam begangene Verbrechen normierte Strafrahmen, innerhalb dessen die Strafe jedes Teilnehmers nach Maßgabe seiner subjektiven Strafbarkeit auszumessen ist. Konsequenterweise ist für jeden Teilnehmer diejenige Strafe zu ermitteln, die ihn als Täter oder physischen Urheber treffen würde, und diese für den weniger strafbaren Gehilfen nach dem Maße, in welchem er zum Gelingen des Verbrechens beigetragen hat, herabzusetzen. Die Hilfeleistung wird vom deutschen RStGB. gegenüber der Täterschaft als Strafmilderungsgrund behandelt, wie der Versuch der Vollendung gegenüber. . Im Interesse der Gleichheit der Rechtsprechung empfiehlt sich, auch die Wirkung des ersteren Strafmilderungsgrundes auf die Strafausmessung gesetzlich festzulegen, wie dieses bezüglich des Versuches geschehen ist. Dieser Ausführung zufolge wäre der Text vom § 49 Abs. 2 des RStGB. in nachstehender Weise abzuändern:

„Die Strafe des Gehilfen besteht in dem vierten Teile derjenigen Strafe, die ihn getroffen hätte, wenn er am Verbrechen sich als Täter beteiligt hätte. Hätte er als solcher Todesstrafe oder lebenslängliches Zuchthaus verdient, so tritt Gefängnis oder Zuchthaus nicht unter fünf Jahren ein."

In systematischer Hinsicht hält Sichart es für zweckmäßig, die Bestimmungen über Versuch und Teilnahme im gleichen Abschnitte zu behandeln wie die übrigen Strafmilderungsgründe. (S. 181f.)

§ 7.

Erfolgshaftung. (Vgl. Kap. IV, § 5.)

van Calker. Für die Bestimmung der Strafe nach Art und Maß ist in weiterem Umfang und in konsequenterer Durchführung, als dies im geltenden Recht geschieht, neben der Bedeutung des äußeren Erfolges der Tat der Intensitätsgrad der verbrecherischen Gesinnung in Rücksicht zu ziehen.

Garraud. La gravité du délit doi têtre surtout considérée par rapport à la volonté du délinquant, en ce sens que, quelsque soient les résultats de l'action ou de l'inaction incriminée, le délinquant est responsable de tout ce qu'il a voulu, mais n'est responsable pénalement que de ce quil a voulu.

Mais ce point de vue ne doit pas être exagéré au point de remplacer le jugement du délinquant pour ce qu'il a voulu faire, par l'examen de sa conduite entière avant et après sa condemnation. La société a le droit de juger le délinquant pour ce qu'il a voulu faire; elle n'a pas le droit de le juger pour ce qu'il est. (S. 102.)

Internationale Kriminalistische Vereinigung. Folgende These wurde angenommen: Personne n'est punissable à raison des conséquences de ses actes que dans la mesure de celles qu'il a prevues ou pu prévoir. (S. 137.)

Kahl 1. Bei aller Berücksichtigung der Gesinnung ist doch nicht der andere Wertmesser der Strafe, der objektive Erfolg, zu unterschätzen oder zu sehr zurückzudrängen. (S. 237.)

Derselbe 2. Beim Strafmaße ist zwar auch der äußere Erfolg des Delikts von Bedeutung, aber mehr als bisher ist die rechtsverächtliche Gesamtstimmung zu berücksichtigen. (S. 108.)

Köhler. Die schärfere Bestrafung der durch den Erfolg qualifizierten Delikte entspricht nicht dem geläuterten Gerechtigkeitsgefühl. (S. 62.)

Lang. Der Erfolg darf für das Strafmaß nur dann entscheidend sein, wenn er der Absicht des Täters entspricht. Ist dies nicht der Fall, so kann höchstens die größere oder geringere Wahrscheinlichkeit, die für den Eintritt des Erfolges sprach, als Maßstab der Strafwürdigkeit gelten. (S. 912.)

v. Liszt 2. Für Bestimmung der Strafe nach Art und Maß ist in erster Linie nicht der äußere Erfolg der Tat, sondern die verbrecherische (antisoziale) Gesinnung des Täters ausschlaggebend.

Miler. Auf den Erfolg ist Rücksicht zu nehmen nur bei den Delikten, welche nach der allgemeinen Erfahrung einen gewissen Erfolg nach sich ziehen. (S. 70.) Bei der Auswahl dieser Delikte handelt es sich nicht um eine unbegreifliche Singularität, sondern um die Berücksichtigung allgemeiner Erfahrungen aus dem sozialen Verkehrsleben. Die zu große Berücksichtigung des Erfolges führt zur Schablone, denn der äußere Erfolg ist leicht zu konstatieren; viel wichtiger sind die inneren, die psychischen Phänomene. (S. 71.)

Bei allen Erfolgsdelikten kommt als entscheidender kausaler Faktor eine im Bedingungsverhältnis zu dem Erfolge stehende menschliche Handlung in Betracht. Nur derjenige Erfolg wird dem Täter anzurechnen sein, welcher mit der Handlung des Täters in einem adäquaten Zusammenhang steht: wollte der Täter den Erfolg oder konnte er ihn voraussetzen, so wird er ihm auch zugerechnet. (S. 73.)

Reinach. Die Strafe geht immer auf die Gesinnung, der die Tat entspringt. Deshalb darf den Gegenstand der Strafe nie der über den Willen hinausgehende oder hinter ihm zurückbleibende Erfolg bilden. Die Wertung der Tat muß der Wertung des Tuns weichen.

Seuffert 1. Der Erfolg darf nur in Betracht kommen, insoweit er uns ein Strafbarkeitsmerkmal in der Person des Täters offenbart. Er darf im Strafrecht nur Beachtung finden, wenn er willentlich, wissentlich oder fahrlässig verursacht wurde. (S. 51.)

§ 8.

Konkurrenz.

Köhler. Da in den Fällen der Idealkonkurrenz der schuldhafte Wille, welcher von zwei einander nicht ein- und nicht ausschließenden Verbrechenstatbeständen gefordert wird, doch immer ein selbständig zu würdigender bleibt, auch wenn die Ausführungshandlung für diese Verbrechen zufällig identisch ist, infolgedessen die Fälle der Idealkonkurrenz zwar teils nahe an die Verbrechenseinheit, teils aber auch an die Fälle der Idealkonkurrenz grenzen, so empfiehlt sich bei dieser Verschiedenheit der Fälle folgende Regelung:

1. Fakultative Erhöhung des Strafrahmens beim schwersten Gesetz, die jedoch die Summe der Strafrahmen für die mehreren zur Anwendung kommenden Strafgesetze nicht erreicht.

2. Nebenstrafen, die nur bei einem der in Betracht kommenden Strafgesetze vorgesehen sind, dürfen verhängt werden, auch wenn der Strafrahmen nach einem anderen schwereren Strafgesetz gebildet ist. (S. 54.)

Medem. § 74 StGB. soll dahin abgeändert werden: „Wenn gegen einen Angeklagten wegen mehrerer nacheinander verübter Straftaten auf Strafe zu erkennen ist, und anzunehmen ist, daß durch die nicht erfolgte Bestrafung der früheren Straftaten das

Strafbarkeitsbewußtsein des Angeklagten beeinträchtigt ist, so sind die späteren Straftaten milder zu beurteilen. Es darf hinsichtlich dieser auch unter die an sich zu verhängenden Strafen hinabgegangen werden."

Die jetzige Fassung des § 74 ist zu verwerfen, weil sie auf der nur ausnahmsweise zutreffenden Erwägung beruht, daß die Freiheitsstrafe je länger sie dauert, um so empfindlicher wirkt. Haftverlängerung ist nicht immer auch zugleich Hafterschwerung, vielmehr nur dann, wenn bei Zusammenrechnung der Strafzeiten eine härtere Vollstreckungsart einzutreten haben würde. (S 5.)

Pfefferle. Es kann nicht geleugnet werden, daß die Fassung der §§ 73 u. 74 RStGB. zu einer Reihe von Zweifeln Anlaß gibt. Diese würden sich verringern, wenn der Gesetzgeber, statt die Einheit und Mehrheit der Handlungen für entscheidend zu erklären, zum deutlichen Ausdruck bringen würde, daß er auf die Einheit und Mehrheit der verletzten Rechtsgüter abhebe. Dabei wären allerdings die zusammengesetzten Verbrechen in geeigneter Weise besonders zu berücksichtigen. (S. 72.)

Ratzlaff. Auch bei der Betrachtung mehrerer ungleichartiger Straftaten kann es lediglich darauf ankommen, ob eine oder mehrere Willensbetätigungen des Verbrechers vorliegen. Hat der Täter eine Reihe von ungleichartigen Straftaten begangen, die auf einem Willensentschluß beruhen und in innerem Zusammenhange stehen, so liegt tatsächlich nur eine Straftat vor. Deshalb empfiehlt sich folgender § 74 a.

„Wer aus einem und demselben Vorsatz heraus mehrere strafbare Handlungen begeht, die zu einander in einem inneren Zusammenhange stehen, begeht nur eine Straftat. (S. 1163 f.)

§ 9.

Internationales Strafrecht.

v. Bar. Vorbehaltlich einiger Verbesserungen sind die Grundsätze des StGB. über die internationale Anwendung der Strafgesetze beizubehalten.

Das neuerdings wieder mehrfach empfohlene Real- oder Schutzprinzip, demzufolge jede durch Ausländer im Ausland begangene Verletzung von Inländern oder inländischen Rechtsgütern bestraft werden soll, ist unpraktisch, da ja der Ausländer nicht ausgeliefert wird, verstößt aber auch gegen das Völkerrecht, da der Ausländer im Auslande lediglich der ausländischen Souveränität unterworfen ist, und verletzt auch schließlich die Grundsätze des Strafrechts, da der betreffende Ausländer dann nach Gesetzen beurteilt werden soll, die zu kennen er nicht den geringsten Grund hat. Auch ist dieses Prinzip deshalb gefährlich, weil ja infolge des völkerrechtlichen Grundsatzes der Reziprozität auch dann ein Deutscher wegen im Inlande begangener Taten im Ausland nach ausländischem Recht abgeurteilt werden würde.

Der Schutz der Deutschen im Ausland soll lediglich ein diplomatischer, kein strafrechtlicher sein. Daß das Schutzprinzip bei Staatsverbrechen als Notrecht Anwendung findet, erklärt sich aus dem mangelnden Schutz, den sich die Staaten hier gewähren.

Auch gegen das Prinzip des Weltstrafrechts sprechen verschiedene Gründe. (S. 31/32.)

Köhler. Das internationale Strafrecht wird nach dem Schutzprinzip auszugestalten sein. Nach diesem Prinzip sind strafbar alle gegen deutsche Rechtsgüter auch im Ausland begangenen Handlungen. Das deutsche Recht kann dabei wie bisher für bestimmte Ausnahmefälle seine Interessen mit denjenigen eines unmittelbar verletzten ausländischen Rechtsgutes (z. B. Münzfälschung an ausländischen Münzen) solidarisch erklären. Mit Hinblick auf § 9 StGB. ergibt sich eine Modifikation des Schutzprinzips zugunsten des Personalitätsprinzips durch Aufrechterhaltung des § 4 Z. 3 StGB.

Aus diesen Grundsätzen ergibt sich schließlich, daß als Handlungsort zu erklären ist sowohl der Ort der Tätigkeit als auch der Ort, wo ein zum Tatbestand gehöriger verletzender Erfolg eintrat, der vom Täter vorgestellt war. (S. 37.)

Seuffert 1. Folgende Gesetzesbestimmungen werden vorgeschlagen:

§ 1. Die Strafgesetze des Reiches finden Anwendung:

1. auf alle im Gebiete des Reiches vorgekommenen Handlungen;

2. auf Handlungen in den Konsulargerichtsbezirken, insoweit Deutsche oder deutsche Schutzgenossen als Täter, Teilnehmer, Begünstiger oder Hehler beteiligt sind;

3. auf Handlungen in den Schutzgebieten, insoweit nicht Handlungen von Eingeborenen oder sonstigen Farbigen in Frage stehen, welche der deutschen Gerichtsbarkeit nicht unterworfen sind.

§ 2. Wegen der außerhalb des Reichsgebietes, der Konsulargerichtsbezirke und der Schutzgebietsbezirke begangenen Handlungen findet in der Regel keine Verfolgung statt.

§ 3. Die Verfolgung ist in den Fällen des § 2 ohne Rücksicht auf die In- oder Ausländereigenschaft des Täters statthaft, wenn die Handlung verübt ist:

1. gegen das Reich;

2. gegen einen Bundesstaat;

3. gegen eine Körperschaft, einen Verein, eine Gesellschaft oder eine sonstige Personenvereinigung, gegen eine Anstalt oder Stiftung, denen nach dem Rechte des Deutschen Reiches oder eines Bundesstaates die Rechtsfähigkeit unmittelbar oder auf Grund von Verleihung oder Eintragung zukommt;

4. gegen einen Deutschen oder deutschen Schutzgenossen.

§ 4. Die Verfolgung ist in den Fällen des § 2 ferner statthaft:

1. wenn die Handlung von einem Deutschen oder deutschen Schutzgenossen verübt und sowohl nach dem Rechte des Deutschen Reiches oder eines Bundesstaates als auch nach dem Rechte des Tatortes strafbar ist;

2. wenn die Handlung von einem Deutschen oder deutschen Schutzgenossen in einem Gebiet begangen wurde, das keiner Staatsgewalt unterworfen ist;

3. in den im Gesetz besonders vorgesehenen Fällen.

§ 5. Verliert ein Deutscher, der im Auslande eine Handlung begangen hat, die bei deutschen Gerichten nur nach § 4 Nr. 1 oder 2 verfolgbar ist, die Eigenschaft eines Inländers, bevor die Strafklage gegen ihn erhoben ist, oder der Konsul die Einleitung des Strafverfahrens gegen ihn verfügt hat, so entfällt die Verfolgbarkeit vor den deutschen Gerichten.

Das gleiche ist der Fall, wenn das Verhältnis der Schutzgenossenschaft vor diesem Zeitpunkt aufhört.

§ 6. Erlangt ein Ausländer, der im Auslande eine Handlung verübt hat, die bei deutschen Gerichten nur nach § 4 Nr. 1 oder 2 verfolgbar ist, die Inländereigenschaft oder die Eigenschaft eines Schutzgenossen, so kann er vor deutschen Gerichten verfolgt werden.

§ 7. In den Fällen des § 4 Nr. 1 und 2 ist die Verfolgung im Inland ausgeschlossen:

1. wenn von einem Auslandgericht über die Handlung rechtskräftig erkannt und entweder eine Freisprechung erfolgt oder die ausgesprochene Strafe vollzogen ist;

2. wenn die Strafverfolgung oder Strafvollstreckung nach dem Rechte des Auslandes verjährt oder wenn die Strafe erlassen ist;

3. wenn der nach dem Auslandrechte erforderliche Antrag nicht gestellt ist.

§ 8. Eine Handlung ist nur da als begangen anzusehen, wo sich der Handelnde im Zeitpunkt des Handelns befand. (S. 83/85.)

Tafel. Es steht zu hoffen, daß die längst geplante Revision des Strafgesetzbuchs auch auf dem Gebiete des internationalen Strafrechts eine dem Staatsbedürfnis entsprechende entgültige Reform des bestehenden Rechtszustandes in der von dem Entwurf der Novelle (scil. vom 26. Februar 1876) bereits eingeschlagenen Richtung herbeiführen wird. (S. 97.)

v. Ullmann. Eine nicht zu unterschätzende Frage betrifft den Umfang, in welchem der Staat von seiner Strafgewalt in der Lösung der Rechtsschutzaufgabe Gebrauch machen soll. Wir dürfen nicht vergessen, daß auf dem Boden der heutigen internationalen Gemeinschaft an den einzelnen Kulturstaat Anforderungen auch in der Richtung der Rechtspflegetätigkeit herantreten, die mit der Solidarität der Interessen der Staaten gleichartiger Kultur zweifellos gegeben sind. Derzeit beschränkt man (so auch das deutsche Gesetzbuch) die Strafaufgabe des Staates vorwiegend auf jene Tatbestände, die eine engere Beziehung zu der Strafgewalt des einzelnen Staates aufweisen; daneben anerkennt man noch gewisse Konsequenzen des Prinzips der Personalität usw. Diese unvermeidlichen Ergänzungen des Prinzips der Territorialität schließen aber schon eine, wenn auch nicht erschöpfende Würdigung aktueller Bedürfnisse, die Anerkennung einer universelleren Betätigung der Strafgewalt in sich. Das spröde Verhalten der Gesetzgebung und Doktrin gegenüber einer universelleren Auffassung der Strafaufgabe des Staates ist aber innerhalb der heute so lebhaft betonten intensiveren Gestaltung der Rechtsschutzaufgabe nicht zu rechtfertigen. Eine umfassende Reform des geltenden Strafrechts wird zweifellos den Anspruch auf Vollständigkeit nur dann erheben können, wenn sie ihre Aufmerksamkeit auch auf diese Materie lenkt und die traditionelle Betonung des Territorialprinzips, das sich als ein Hemmnis der Betätigung des Staates auf dem Gebiete der Schutzaufgabe erwiesen hat, aufgibt. Wer heute im Kreise der Kulturstaaten dem Strafrechtsproblem vom Gesichtspunkte praktischer Wirksamkeit der Strafrechtspflege gegenübertritt, muß sich sagen, daß eine Erfolg verbürgende Bekämpfung des Verbrechertums nur in der Weise gedacht werden kann, daß man sich des Zusammenhangs der eigenen Wirksamkeit des einzelnen Staates und der gleich intensiven Wirksamkeit der anderen Staaten eines größeren Kulturgebiets bewußt bleibt. Die Verbrechen haben in bezug auf eine große Reihe von Gesetzesübertretungen den Charakter vereinzelter Erscheinungen abgestreift; ihre Urheber dürfen recht wohl als die Glieder eines die Gesellschaft belästigenden und gefährdenden Komplexes von Personen bezeichnet werden, für die der Ausdruck „Verbrechertum“ durchaus zutreffend ist. Dieses Verbrechertum erscheint aber heute bezüglich vieler Übeltaten als ein internationales Übel. Der Bekämpfung dieses Übels dienen die bekannten internationalen Mittel, vor allem aber eine ausgedehntere Anwendung der eigenen Strafgewalt des Staates auf die von Ausländern im Auslande begangenen Verbrechen.

Verzeichnis der berücksichtigten Veröffentlichungen.

(Mehrere Veröffentlichungen eines Autors oder Veröffentlichungen verschiedener gleichnamiger Autoren sind mit fortlaufenden arabischen Zahlen bezeichnet.)

v. Alberti. Gefährdung durch überlegene Gewalt. 1903. (Vgl. Archiv f. Strafrecht 50, 305.)

Allonas. Notwehr und Notstand nach dem BGB. 1902.

Anonym. 1. Die Degeneration des modernen Rechtsbewußtseins. Die Post v. 11. November 1903.

2. Falsche Humanität. Deutsche Tageszeitung v. 11. Oktober 1902.

3. Das neue Strafrecht. Neue Badische Landeszeitung v. 15. Mai 1903.

4. Noch einmal die Revision des RStGB. Augsburger Abendzeitung v. 25. Januar 1904.

Ärztekammer. Kommission der — für die Revision des StGB. Berliner Ärzte-Korrespondenz 1903, 113 ff. Vgl. Brückmann 3 S. 712 A. 67.

Aschaffenburg. 1. Das Verbrechen und seine Bekämpfung. Heidelberg 1902.

2. Gerichtsärztliche Wünsche mit Rücksicht auf die bevorstehende Neubearbeitung des StGB. für das Deutsche Reich. Sonderabdr. aus dem Bericht über die 3. Hauptverhandlung des Deutschen Medizinalbeamtenvereins (1904).

Assboss. Die Grundlagen des Notwehrrechtes 1902.

Auer. 1. Soziales Strafrecht. München 1902.

2. Die Todesstrafe. Münchener Zeitung v. 17. Mai 1903.

3. Der strafrechtliche Notstand und das BGB. 1903. (Vgl. Archiv f. Strafrecht 50, 305.)

Auslanddeutscher, Ein. Die deutsche Justizreform der Zukunft. Zürich 1904.

Dr. B. Die Entgeltung im Strafrecht. Neue Preußische Kreuz-Zeitung v. 15. November 1903.

v. Bar. Die Reform des Strafrechts. Berlin 1903.

Bauer. Der strafrechtliche Notstand mit besonderer Berücksichtigung des Notstandes des BGB. und seines Einflusses auf das Strafrecht. 1902. (Vgl. Archiv f. Strafrecht 50, 305.)

Behr. Ärztlich-operativer Eingriff und Strafrecht. (Vgl. Archiv f. Strafrecht 51, Heft 2/3).

Beling. 1. Strömungen und Bestrebungen bei Herstellung eines neuen deutschen StGB. Monatsschr. Deutschland 1903, 174 ff.
2. Grundzüge des Strafrechts[2], 1902.
Berolzheimer. 1. Die Entgeltung im Strafrecht. München 1903.
2. Rechtsphilosophische Studien. München 1903.
Binding. Grundriß des deutschen Strafrechts. Allgemeiner Teil[6], 1902.
Birkmeyer. 1. Gedanken zur bevorstehenden Reform der deutschen Strafgesetzgebung. München 1901.
2. Strafrecht. B.s Enzyklopädie f. d. Rechtswissenschaft 1904, 1099 f.
v. Böhlendorff-Kölpen. Der Unhold. Der Tag 1904, Nr. 299.
Bonus. Zur Psychologie der Strafe. Die Christliche Welt 1904, No. 13.
Bovensiepen. Reform des deutschen Strafrechts. Die Freistatt v. 9. Januar 1904.
Brückmann. 1. Todesstrafe. Der Tag v. 14. Februar 1903.
2. Der Unhold. Der Tag 1904 Nr. 301.
3. Versuche zum Problem der strafrechtlichen Verantwortlichkeit des Arztes. Zeitschrift f. d. gesamte Strafrechtswissenschaft 24, 57 ff.
v. Bülow. Zur Revision des Strafgesetzbuchs. Deutsche Juristenzeitung 1902, 408 ff.
Burckhardt. Das jugendliche Verbrechertum und seine Bekämpfung. Blätter f. Gefängniskunde 36, 88 ff.
van Calker. Nach welchen Grundsätzen ist die Revision des Strafgesetzbuchs in Angriff zu nehmen? Verhandlungen des 26. deutschen Juristentages. II, 237 ff. Berlin 1903.
Cramer. 1. Bedingte Strafaussetzung und Begnadigung. Monatsschrift f. Kriminalpsychologie und Strafrechtsreform 1904, Heft 6/7.
2. Entwickelungsjahre und Gesetzgebung. Göttingen 1902.
Dänischer Gesetzentwurf über die Einführung der Prügelstrafe. Deutsche Tageszeitung v. 15. April 1904.
Delaquis. Der untaugliche Versuch. Berlin 1904.
Deutscher Juristentag. Beschlüsse des 26. —. Bd. III, 589 ff. der Verhandl. 1903.
Deutsche Reichs-Landesgruppe der Internationalen Kriminalistischen Vereinigung. 1. 8. Landesversammlung. Mitteilungen der Internationalen Kriminalistischen Vereinigung 10, 508 ff.
2. 9. Landesversammlung. Wie vorstehend 11, 461 ff.
Dix. Die Jugendlichen in der Sozial- und Kriminalpolitik. Jena 1902.
Graf zu Dohna. Die Rechtswidrigkeit usw. 1905.
Dosenheimer. Die Todesstrafe. Frankfurter Zeitung v. 5. Oktober 1904.
Dührssen. StGB. und äztliche Operationen. (Vgl. Archiv f. Strafrecht 51, Heft 2/3.)
Hold v. Ferneck. Die Rechtswidrigkeit. 1903.
Finger. Lehrbuch des deutschen Strafrechts. 1904.
[Pelman und] Finkelnburg. Die verminderte Zurechnungsfähigkeit. Bonn 1903.

Frank. Das Strafgesetzbuch für das Deutsche Reich 3.4. Leipzig 1903.

Garraud. Dans quelle mesure faut-il attacher plus d'importance aux facteurs psychiques qu'aux effets matériels. Mitteilungen der Internationalen Kriminalistischen Vereinigung 10, 100 ff.

Gauckler. De l'importance à attribuer dans la loi criminelle aux éléments psychiques du crime par comparaison avec ses conséquences matérielles. Ebenda 10, 428 ff.

Gennat. Gutachten betr. d. Altersgrenzen der Strafmündigkeit. Blätter für Gefängniskunde 37, 311 ff.

Gerland. Besprechung von Köhlers Reformfragen. Der Gerichtssaal 63, 7.

Ginsberg. Zur Frage der bedingten Verurteilung und bedingten Begnadigung. Der Gerichtssaal 63, 241 ff.

Goldenweiser. Zurechnung und strafrechtliche Verantwortlichkeit in positiver Beleuchtung. Berlin 1903.

Goldschmidt. 1. Das Verwaltungsstrafrecht. Berlin 1902.

2. Leitsätze für die 10. Generalversammlung der Landesgruppe Deutsches Reich der Internationalen Kriminalistischen Vereinigung. Mitteilungen der Internationalen Kriminalistischen Vereinigung 10, 861 ff.

Gross. Die strafrechtliche Behandlung der jugendlichen Personen. Gutachten. Verhandl. des 27. Deutschen Juristentages I, 89 ff. Berlin 1903.

Haase. Wird die sozialistische Gesellschaft strafen müssen? Vortrag. Vgl. Sächsische Arbeiterzeitung v. 5. Februar 1903.

Haberda. Über die Art des Vollzugs der Todesstrafe. Archiv für Kriminalanthropologie 10, Heft 3.

Hahn. Die Strafrechtsreform und die jugendlichen Verbrecher. Dresden 1904.

Harburger. Leitsätze für die Behandlung der Teilnahme am Verbrechen. Mitteilungen der Internationalen Kriminalistischen Vereinigung 11, 512 ff.

Hart. Prügelstrafe und kein Ende. Der Tag 1904, Nr. 319.

Heilbronner. Die Versorgung geisteskranker Verbrecher usw. Sonderabdr. aus der Monatsschrift für Kriminalpsychologie und Strafrechtsreform 1904.

Heimberger. Der Begriff der Gerechtigkeit im Strafrecht. Leipzig 1903.

Heine. Zur Reform des Strafrechts. Sozialistische Monatshefte 1903, 22 ff.

v. Hippel. Zur Vagabundenfrage. Berlin 1902.

Hoegel. Die Straffälligkeit der Jugendlichen. Leipzig 1902.

Humanität, Verein für, zu Magdeburg. Petition an den Reichstag. Neue Voigtländische Zeitung v. 14. Februar 1903.

Internationale Kriminalistische Vereinigung. 9. Generalversammlung. Mitteilungen der Internationalen Kriminalistischen Vereinigung 11, 83 ff.

Kahl. 1. Ist eine Revision des RStGB. in Aussicht zu nehmen? Verhandl. des 26. Deutschen Juristentages III, 211 ff. Berlin 1903.

2. Die Reform des deutschen Strafrechts im Lichte evangelischer Sozialpolitik. Verhandl. des 14. Evangel. Sozial. Kongresses. S. 94 ff. Göttingen 1903.

Kallina. Die Versammlung des Vereins deutscher Strafanstaltsbeamten zu Nürnberg. Sonderabdr. aus der Zeitschr. f. d. ges. Strafrechtswissenschaft 1902.

Katzenstein. Die Todesstrafe im neuen StGB. Berlin 1902.

Kaufhold. Bedingte Verurteilung und administrative Begnadigung. Archiv f. Strafrecht 51, Heft 1—3.

Kempner. Zur Reform unseres Strafensystems. Juristische Wochenschr. 31, 85 ff.

Klee. Die bedingte Begnadigung in den deutschen Bundesstaaten unter rechtsvergleichender Berücksichtigung der bedingten Verurteilung. Sonderabdr. a. d. Zeitschrift f. d. gesamte Strafrechtswissenschaft 24.

Klein. Die strafrechtliche Behandlung jugendlicher Personen. Gutachten. Verhandl. des 27. Deutschen Juristentages 1, 97 ff. Berlin 1903.

Knauer. Über den strafrechtlichen Notstand und die Grenzen der Selbsthilfe nach Reichstrafrecht. 1902. (Vgl. Archiv f. Strafrecht 50, 305.)

Köhler. Reformfragen des Strafrechts. München 1903.

Kohler. 1. Einführung in die Rechtswissenschaft. Leipzig 1902.

2. Die Geldstrafe. Archiv f. Strafrecht 49, 177 ff.

Kohlrausch. Irrtum und Schuldbegriff im Strafrecht. 1903.

Kolonialbund, Deutscher. Eingabe an den Reichskanzler. Vossische Zeitung 1905, Nr. 111.

v. Kotze. Internationale Deportation. Der Tag 1904, Nr. 319.

Kronecker. Ist eine Revision des StGB. in Aussicht zu nehmen? Verhandl. des 26. Deutschen Juristentages III, 240 ff. Berlin 1903.

Landry. La responsabilité pénale. Paris 1902.

Lang. Die Gerechtigkeit im Strafrecht. Sozialistische Monatshefte 1903, 909 ff.

Leisering. Notwehr und Vergeltung. Deutsche Juristen-Zeitung 1903, 400.

Leuss. Aus dem Zuchthause. Berlin 1903.

Liepmann. Einleitung in das Strafrecht. 1900.

v. Liszt. 1. Lehrbuch des deutschen Strafrechts[12. 13]. Berlin 1903.

2. Die Grundsätze der Revision des StGB. Verhandl. des 26. Deutschen Juristentages I, 259 ff. Berlin 1903.

3. Nochmals zum Fall Dippold. Deutsche Juristenzeitung 8, 540 ff.

Lohsing. 1. Abschaffung der Todesstrafe. Sonderabdr. aus dem Archiv f. Kriminalanthropologie und Kriminalistik 1902.

2. Ein Vorschlag zur Verminderung der Beschäftigungslosigkeit in den österreichischen Gerichtsgefängnissen. Sonderabdr. aus dems. Bd. 15.

Marcovich. Wie Gennat, 276 ff.

Margolin. Vengeance ou raison? (Übers. a. d. Russischen.) St. Petersburg 1902.

Mayer. 1. Wie Gennat, 284 ff.

2. Rechtsnormen und Kulturnormen. Breslau 1903.

Medem. Reform des Strafrechts. München 1900.

Meissner. Motiv und Gesinnung im Strafrecht. Straßburg 1903.

Meyer v. Schauensee. Die Strafrechtsreform in Deutschland und der Schweiz. Berlin 1903.

Miler. Welche Konsequenzen ergeben sich in Rücksicht auf die zukünftige Strafgesetzgebung aus dem Prinzip der neuen Schule, daß den psychischen Faktoren mehr Bedeutung zuzumessen sei, als dem materiellen Erfolge. Mitteilungen der Internationalen Kriminalistischen Vereinigung 10, 68 ff.

Müller. Das Individualisierungsprinzip in der Strafrechtspflege. New Yorker Staatszeitung v. 29. März 1903.

Näcke. 1. Gedanken eines Mediziners über die Todesstrafe. Archiv f. Kriminalanthropologie u. Kriminalistik 9, 316 ff.
2. Die Unterbringung geisteskranker Verbrecher. Halle 1902.

Netter. v. Liszts Gutachten über die Frage der Strafrechtsreform. Beilage zur Allgemeinen Zeitung (München) 1902, Nr. 152.

Olshausen. Kommentar zum RStGB. [6], 1900.

Oppenhof. Das Strafgesetzbuch für das Deutsche Reich [14], 1901.

Ortloff. Beschränkungen der Vollstreckung von Freiheitsstrafen. Der Gerichtssaal 63, 118 ff.

Ostwald. Die Bekämpfung der Landstreicherei. Stuttgart 1903.

v. Pannwitz. Strafrecht und Humanität. Vortrag. Vgl. Münchener Neueste Nachrichten v. 7. November 1903.

Paulus. Über den Ersatz von Gefängnisstrafen durch Geldstrafen. Allgemeine Zeitung (Kassel) v. 15. Juli 1904.

Pelman. Psychiatrie und Strafrechtspflege. Das Recht [6], Nr. 19.

Petersen. Bedarf das RStGB. einer gänzlichen oder teilweisen Neugestaltung? Archiv f. Strafrecht u. Strafprozeß 50, 248 ff.

Pfefferle. Über Ideal- und Realkonkurrenz. Inaug.-Diss. Freiburg 1902.

Pfister. Die Willensfreiheit. Berlin 1904.

v. Pflugk-Hartung. Die Prügelstrafe. Der Tag 1904, Nr. 311.

Popper. Das Recht zu leben und die Pflicht zu sterben [3], 1903.

Preetorius. Wie Gennat, 379 ff.

Priester. Die Verurteilung Vorbestrafter oder die Notwendigkeit der gesetzlichen Einführung der Deportationsstrafe auf Grund der jüngsten Kriminalstatistik. Der Gerichtssaal 60, 427 ff.

Dr. L. R. Das Recht der Vergeltung. Neue Preußische Kreuz-Zeitung v. 6. November 1903.

Retzlaff. Unselbständige Handlungen. Deutsche Juristen-Zeitung 1904, 1163 ff.

Reinach. Erfolgshaftung im Strafrecht. Freistatt v. 13. Februar 1904.

Rheinisch-Westfälische Gefängnisgesellschaft. 75. Jahresversammlung. Kölnische Zeitung v. 16. Oktober 1903.

v. Rhoden. 1. Problem der Kriminalpolitik. Die Christliche Welt 18, Nr. 19.
2. Reform des Strafrechts. Die Zeit v. 16. April 1903.

v. Rohland. Der Prozeß Dippold. Deutsche Juristen-Zeitung 1903, 486 ff.

Roosevelt. Botschaft an den nordamerikanischen Kongreß. Berliner Lokal-Anzeiger 1904, Nr. 609.

Rosenberg. 1. Beiträge zur Bestrafung der Übertretungen. Zeitschrift f. d. gesamte Strafrechtswissenschaft 22, 31 ff.
2. Die Dreiteilung der strafbaren Handlung. Ebenda 24, 1 ff.

3. Vormundschaft über Verbrecher. Sonderabdr. a. d. Archiv f. Kriminalanthropologie u. Kriminalistik, Bd. 11.
Rossmy. Gutachten, betr. Erfahrungen über das jetzige Strafensystem. Blätter f. Gefängniskunde 37, 356 ff.
Schlünkes. Die Nächstenliebe als Staatsreligion. Berlin 1903.
Schmölder. 1. Die Geldstrafe. 1902.
2. Der Unhold. Der Tag 1904, Nr. 295.
Schröter. Einige Worte über die Grenzen der Strafmündigkeit. Der Gerichtssaal 61, 390 ff.
Schwendner. Aus der Praxis der vorläufigen Entlassung. Monatsschrift für Kriminalpsychologie und Strafrechtsreform 1, 358 ff.
Seuffert. 1. Ein neues Strafgesetzbuch für das Deutsche Reich. München 1902.
2. Thesen, betr. die Behandlung des Versuchs im künftigen Strafgesetzbuch für das Deutsche Reich. Mitteilungen der Internationalen Kriminalistischen Vereinigung 10, 448.
Seyfarth. Ernste Probleme aus dem Strafvollzug und der Fürsorgearbeit an den Entlassenen. Sonderabdr. aus der Zeitschrift für die evangelisch-lutherische Kirche in Hamburg, Bd. 10.
Sichart. 1. Ein Beitrag zur Revision des StGB. für das Deutsche Reich. Zeitschrift f. d. gesamte Strafrechtswissenschaft 21, 151 ff.
2. Die Freiheitsstrafen im Anklagezustand und ihre Verteidigung. 1904.
3. Vergeltungsidee und Zweckgedanken im System der Freiheitsstrafen. Blätter f. Gefängniskunde 36, 38 ff.
Sieges. Die Zahlung der Geldstrafen durch Dritte. Inaug.-Diss. Erlangen. Krefeld 1903.
Speck. Die Kriminalität und ihre Bekämpfung durch die Strafe. Die Grenzboten 1902.
Stade. Gefängnisbilder. Leipzig 1902.
Stern. Über den Begriff der Vergeltung. Sonderabdr. a. d. Zeitschr. f. d. gesamte Strafrechtswissenschaft 24.
Sternberg. Bedingte Verurteilung. Ethische Kultur 11, Nr. 8.
Stooss. 1. Verbrechen und Strafe. Zeitschrift f. Schweizer Strafrecht 14, 385 ff.
2. Betrachtungen über Kriminalpolitik. Archiv f. Kriminalanthropologie u. Kriminalistik 14, 203 ff.
3. Zum Fall Dippold. Deutsche Juristen-Zeitung 1903, 577.
Strassmann. Wie Aschaffenburg 2.
Tafel. Die Geltung des Territorialprinzips im deutschen Reichsstrafrecht. Stuttgart 1902.
Tönnies. Probleme des Verbrechens und der Strafe. Deutschland 1902 (Oktober- und November-Heft).
v. Ullmann. Die Strafrechtsreform in Deutschland. Münchener Neueste Nachrichten v. 20. u. 24. März 1903.
Wach. 1. Die kriminalistischen Schulen und die Strafrechtsreform. Rektoratsrede. Leipzig 1902.

2. Der Strafaufschub, ein Akt der Gnade oder Rechtspflege? Deutsche Juristen-Zeitung 7, 157 ff.
3. Die Zukunft des deutschen Strafrechts. Vortrag. Sonderabdr. a. d. Blättern f. Gefängniskunde 1903.

Wachenfeld. Strafrecht. Holtzendorffs Enzyklopädie der gesamten Rechtswissenschaft 1904. 2, 259 ff.

Wagner. Die Strafinseln. Stuttgart 1904.

Wertheimer. Die Reform der Geldstrafe. Frankfurter Zeitung v. 23. August u. 4. November 1903.

Wetzker. Die Zunahme der Verbrechen. Sozialistische Monatshefte 1902, 518 ff.

Wilde. De Profundis. Aufzeichnungen und Briefe aus dem Zuchthaus in Reading. Berlin 1905.

Wolf. Streiflichter über den Strafvollzug in Österreich und anderes. Salzburg, ohne Jahr.

Wulffen. Die Strafzumessung unserer Gerichte. Archiv f. Kriminalanthropologie und Kriminalistik 14, Heft 1 u. 2.

Würzburger. Das Recht des strafrechtlichen Notstandes vor und nach dem BGB. (Vgl. Archiv f. Strafrecht u. Strafprozeß 50, 307.)

Zentralstelle für das Gefangenen-Fürsorgewesen der Provinz Brandenburg. Bericht über die Wirksamkeit im Rechnungsjahr 1903. Berlin 1904.

Zentrumspartei. Resolution der — zum Reichsjustizetat. Vossische Zeitung 1905, Nr. 21.

Zucker. Zur strafrechtlichen Behandlung jugendlicher Personen. Deutsche Juristen-Zeitung 10, 111.

Druck von Georg Reimer in Berlin.

Druck von Georg Reimer in Berlin.

FSC
www.fsc.org
MIX
Papier | Fördert gute Waldnutzung
FSC® C083411

Kolibri 360 GmbH
Ferdinand-Jühlke-Straße 7
99095 Erfurt, Deutschland
produktsicherheit@kolibri360.de